JN043821

1時間でわかる

でわかる

イ デ コ

iDeCo

50代から始める
安心投資

野原亮
Ryo Nohara

技術評論社

10年後の自分を想像して
未来の生活に備える

　10年後はどんな生活をしたいですか？　──20代の頃は実感がわかなかったであろうこの質問にも、アラフィフや50代ともなれば、かなりリアルに回答できるのではないでしょうか。私たちは、その年齢になってみないとわからないことが、あまりに多いのかもしれません。

　そうはいっても、もし10年先、少なくとも５年先でもいいから、より早く将来をイメージできたとしたなら、人生は大きく変わるでしょうか？

　平均寿命は上昇傾向にありますが、健康寿命（健康問題で日常生活が制限されずに生活できる期間）も、各年代とも、総じて５歳程度のびています。健康で長生きであることは幸運なことですが、その分お金もかかります。年金受給前になって初めて、年金が思ったより少ないことに気づくのでは遅すぎになってしまいます。

　年金だけでは不足しがちな老後資金を、個人型確定拠出年金（iDeCo）を活用して計画的に貯めていくには、50代がラストチャンスです。幸いiDeCoへの加入資格

は多くの国民に開放され、2020年の年金法改正により、2022年からはさらに加入可能年齢と受給開始時期が拡大されました。50代からでもiDeCoを活用し、従来より長期間の資産形成を行いやすくなるのです。

　しかし、加入を検討する人の中には、資料請求したのにそのまま放置している人、どの商品をいくらくらい買ったらよいかわからない人などが少なくありません。

　そこで本書では、特に50代から資産形成を初めて行う人に向け、iDeCoの基本、金融機関・銘柄（商品）選びのポイント、銘柄選びの実践法、困ったときのQ＆Aなどをわかりやすく解説します。中でも、本書はiDeCo商品の選び方に力を入れてまとめています。iDeCoを始めるにあたって、もっとも悩ましい「選び方」を短時間でマスターし、実践していただけるでしょう。

　老後資金に余裕があれば、老後に取れる選択肢はその分多くなるはずですが、選択肢が増えればその分、悩みも増えてくるでしょう。老後のお悩みはお金の問題だけではありませんが、本書をきっかけに、自分で選べる楽しい老後生活をイメージしていただきながら、老後資金の資産形成のお役に立てたとしたら、とてもうれしく思います。

2020年8月

野原 亮

contents

2章 金融機関選びのポイント

3章 銘柄選びのポイント

4章　銘柄選び実践編

5章 **iDeCoの困ったときのQ&A**

1章

概要 50代で始めるiDeCoの基本

年金だけでは不安だけど、50代から
iDeCoを始めてもメリットはあるの
でしょうか？　本章では、そんな疑
問や不安を解決します。

個人型確定拠出年金「iDeCo」とは何か?

運営者は国民年金基金連合会

iDeCo（個人型確定拠出年金）とは、**税制優遇を活用した、自分でつくれる年金**です。この制度自体は2001年10月からスタートし、「iDeCo」という愛称は2016年9月につけられました。2017年1月から、加入対象者がほぼ全国民に拡大されたことによって加入者が急増し、2021年6月末時点で約198万人にものぼっています。

iDeCoができた背景には、平成の時代に入り、バブルが崩壊して日本経済が大きな曲がり角を迎えたことがあります。雇用も流動化し、フリーランスという働き方が増えていきましたが、自営業者などには国民年金の上乗せとしての厚生年金や企業年金がありませんでした。そうした手薄な年金制度を補うための私的年金制度として、**国民年金基金**が誕生したのです。

老後の生活資金を公的年金（国民年金・厚生年金）だけに頼るのではなく、**個人が掛金を出し、運用方法を決め、資産を増やしていく制度**です。つまり、「自分のために、自分の手で」老後資金を積み立てることができるのです。

iDeCoのしくみ

iDeCoは自分で設定した金額で積み立て、運用し、老後資金をつくっていく年金制度である。

原則60歳から老齢給付金として受け取ることができる。

受け取れる年齢は、加入期間等に応じて決まる。

1 積み立てる（拠出）

自分で設定した積み立て額（掛金額）を積み立てる

2 運用する

自分で選んだ運用商品を活用して、老後資金を貯める

3 受け取る

貯まった老後資金を指定のタイミングで受け取る

資金積み立ての流れ

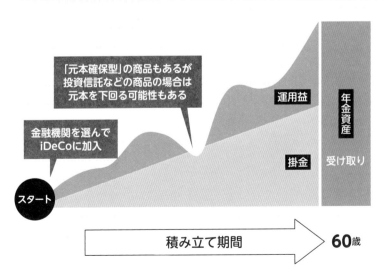

「元本確保型」の商品もあるが投資信託などの商品の場合は元本を下回る可能性もある

金融機関を選んでiDeCoに加入

運用益

年金資産

掛金

受け取り

スタート

積み立て期間 ➡ 60歳

出所：厚生労働省公式サイト

概要│02

iDeCoに加入できる条件や掛金の上限額はいくら？

3パターンの受け取り方法

　iDeCoは、基本的に**20歳以上60歳未満のすべての人**[1]が加入できます。また、社会保険料を全額納付していれば、未成年や10代から就職している人なども加入できます。企業型確定拠出年金（企業型DC）に加入している人は、規約でiDeCoに同時加入できると定められている場合のみ加入できます[2]。掛金は拠出限度額内で**月々5000円**から、**1000円単位で自由に設定**でき、1年単位などでも積み立てられます。

　積み立てた年金資産を原則60歳から老齢給付金として受け取るには、3つの方法があります。

　1つめは、**まとめて受け取る**方法です。原則60歳になったら、70歳[3]に到達するまでの間に、一時金として一括で受け取ります。2つめは、**分割して受け取る**方法です。5年以上20年以下の有期年金として取り扱います。原則60歳になったら、金融機関が定めた方法で受け取ります。3つめは、**まとめた受け取りと分割受け取りを組み合わせる**方法です。原則60歳になったら、一部の年金資産をまとめて一時金で受け取り、残りの年金資産を分割して年金で受け取ります。

※1：2022年5月からは、任意加入被保険者を含め、国民年金被保険者であれば65歳まで加入可能になる

iDeCoの対象

加入区分	加入対象となる方	加入できない方
国民年金の第1号被保険者	日本国内に居住している20歳以上60歳未満の自営業者、フリーランス、学生など	農業年金の被保険者 国民年金の保険料納付を免除(一部免除を含む)されている人(ただし、障害基礎年金を受給されている人などは加入できる)
国民年金の第2号被保険者	60歳未満の厚生年金の被保険者(サラリーマン、公務員)	勤務先で、企業型確定搬出年金に加入している人(ただし、企業型確定搬出年金規約で個人型同時加入を認めている場合には加入できる)
国民年金の第3号被保険者	20歳以上60歳未満の厚生年金に加入している人の被扶養配偶者	

iDeCoの拠出限度額

(第1被保険者)
自営業者

→ **月額6.8万円**
(年額81.6万円)
(国民年金基金または国民年金付加保険料との合算枠)

(第2被保険者)
会社員・公務員など

| 会社に企業年金がない会社員 | → | **月額2.3万円**
(年額27.6万円) |

| 企業型DCに加入している会社員 | → | **月額2.0万円**
(年額24.0万円) |

| 確定給付年金(DB)のみか、DBと企業型DC両方に加入している会社員、公務員など | → | **月額1.2万円**
(年額14.4万円) |

(第3号被保険者)
専業主婦(夫)

→ **月額2.3万円**
(年額27.6万円)

出所:iDeCo公式サイト

※2：2022年10月からは、企業型DCと合わせて拠出額が5万5500円を超えない範囲であれば、iDeCoに原則加入可能になる(一部例外あり)
※3：2022年4月から、上限年齢が75歳に引き上げられる

概要 | 03

何のためにiDeCoを
利用するのか考えよう

老後の資産形成のための制度

　iDeCoは**公的年金だけでは不足しがちな老後の資産形成手段**として、健康に働いている人であれば、最優先で加入してもよい制度です。国の調査によると、高齢無職世帯の毎月の家計収支は、平均で**4〜5万円が不足**すると想定されます。ただし、これは最低限生きていくための家計の収支感覚です。ゆとりある老後生活を送ることや、今後さらに家計収支が厳しくなってくることを考えると、より多くの蓄えを残すのが賢明かもしれません。

　いま世間では、**より長く働き、より遅らせて公的年金を受け取り、その合間のつなぎの資金をどう賢く貯めていくか**、という視点が重要になってきています。税制優遇を活用し、自分でつくれる年金であるiDeCoは、**預貯金以外に満足に資産形成について考えてこなかった人が、まず最初に触れるとよい老後資産づくりの制度**といえるでしょう。

　老後生活を余裕のある状態で迎えるためには、最低でもどれくらいの金額が必要なのでしょうか。統計から算出された平均的な金額などを参考にして、目標とする金額をイメージしてみましょう。

高齢者無職世帯の平均的な収入と支出

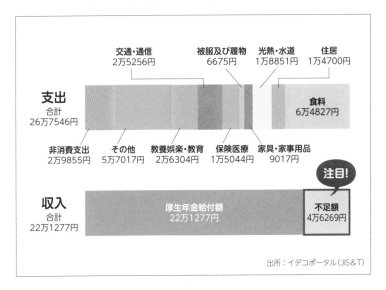

支出
合計
26万7546円

交通・通信
2万5256円

被服及び履物
6675円

光熱・水道
1万8851円

住居
1万4700円

食料
6万4827円

非消費支出
2万9855円

その他
5万7017円

教養娯楽・教育
2万6304円

保険医療
1万5044円

家具・家事用品
9017円

注目！

収入
合計
22万1277円

厚生年金給付額
22万1277円

不足額
4万6269円

出所：イデコポータル（JIS&T）

ゆとりある老後生活のために必要な総額

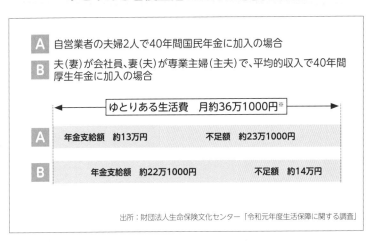

A 自営業者の夫婦2人で40年間国民年金に加入の場合

B 夫（妻）が会社員、妻（夫）が専業主婦（主夫）で、平均的収入で40年間厚生年金に加入の場合

ゆとりある生活費　月約36万1000円※

A 年金支給額　約13万円　　不足額　約23万1000円

B 年金支給額　約22万1000円　　不足額　約14万円

出所：財団法人生命保険文化センター「令和元年度生活保障に関する調査」

概要 | 04

iDeCoの
メリットとは何か？

最大のメリットは税金が安くなること

iDeCo加入者にとって最大のメリットは、「**節税しながら自分で年金をつくれる**」ことです。

たとえば、資産運用などで毎年10％の利益を出すことはプロの投資家でもきわめて困難です。そうしたなか、iDeCo加入者は節税効果を活用し、自分の働き方や稼ぎ方次第で、より多くのお金を老後の自分に仕送りしてあげることができます。

では、iDeCoによって得られる「節税効果」とはどのようなことなのでしょうか。私たちの給与は、額面通りの金額がすべて手取りになるわけではありません。会社員であれば、給与収入からみなし経費を引いた「給与所得」があり、そこから基礎控除・扶養控除や社会保険料、生命保険などの控除分が差し引かれます。それにより、税金の金額を決定するベースとなる「課税所得」が導き出されます。

この課税所得に所得税・住民税が課税されますが、**毎年積み立てを継続しているiDeCo加入者は、積み立てた金額に応じて、この課税所得を減らす**ことができます。つまり、納める所得税・住民税の額を減らせるのです。

所得税・住民税の目安

課税所得(万円)	所得税率(%)	住民税率(%)
200	5	10 （市区町民税 6％ほど 都道府県民税 4％ほど）
300		
400		
500	10	
600		
700	20	
800		
900		
1000	23	

配偶者・子ども2人がいる場合の節税額

年収／掛金	年6万円 （月額5000円）	年12万円 （月額1万円）	年18万円 （月額1万5000円）	年24万円 （月額2万円）
400万円	9000円	1万8000円	2万7000円	3万6000円
500万円	1万2000円	2万4000円	3万6000円	4万8000円
600万円				
700万円	1万8000円	3万6000円	5万4000円	7万2000円
800万円				
900万円				
1000万円				
1100万円				

※社会保険料は14.22%とし、住民税は10%として試算した年間節税額の概算値。小学生または中学生と高校生の子どもがいる場合

出所：松井証券iDeCoサイト

具体的な節税メリットは3つ

iDeCoで得られる節税メリットは、3つあります。具体的には、プロセス別に以下のとおりです。

①積み立て時：積み立て金が全額所得控除になる

②運用時：利息・運用益が非課税になる

③受け取り時：受け取り方法にかかわらず、一定額まで税制優遇になる

まず、①について見ていきましょう。iDeCoの積み立て金は、全額が所得控除されます。課税所得が減り、当年分の所得税と住民税が軽減されます。これは先述したとおりです。

次に、②について説明していきます。通常、投資信託や預金の運用益や利息には税金が課されますが、iDeCoで運用した場合には運用益や利息に税金がかかりません。また、iDeCoは長期での運用が多いため、運用益の非課税による効果がさらに大きくなります。

最後に、③についてです。iDeCoで築いた資産は、原則60歳から自分が希望するパターンで受け取ることができます。パターンには、一時金（一括受け取り）か年金（分割受け取り）、もしくは一時金と年金の併用があります。いずれの方法を選んでも、各種控除の対象となり、一定額まで税金がかかりません。

上記のほかにも、働き方や就業状況によって変わるものの、iDeCoには携帯・スマホなどのナンバーポータビリティと同じように、基本的には年金資産残高の持ち運びができるというメリットもあります。

3つの節税メリット

① 積み立て時 積み立てた分が全額所得控除

掛金(積み立て金)全額が所得控除の対象となる。所得税(10%)、住民税(10%)とすると、年間の合計掛金が12万円の場合、税金が年間2万4000円軽減される

② 運用時 利息・運用益に対して非課税

通常、金融商品の運用で出た利益に対してかかる、約20%の税金が非課税になる。その分はあとで投資にまわすことで、より効率的に運用することも可能
※特別法人税(積立金に対し年1.173%)は、現在、2023年まで課税が凍結されている

③ 受け取り時 受け取るときも大きな優遇

受け取り方法はまとめて受け取る「一時金」か、分割して受け取る「年金」か、あるいは金融機関によっては併用して受け取ることができる。一時金の場合は「退職所得控除」、年金として受け取る場合は「公的年金等控除」の対象となる

節税して
得しよう!

年金資産残高の持ち運びができる

会社員 → 専業主婦(夫)
結婚

会社員 → 自営業
転職

積み立て・
運用を
継続できる

転職して新たに「企業型」確定拠出年金に加入する場合は、転職先でiDeCoに加入できるかを担当部署に確認する必要がある

専業主婦に
なっても
そのまま引き継ぎ!

iDeCoの
デメリットとは何か？

60歳まで積み立て金を引き出せない

　iDeCoが、多くの税制優遇がつくものの、カギのかかった老後資金専用の口座として、**現金化できるのは60歳から**ということをまずはしっかりと把握しておきましょう。iDeCoは余裕をもって資産形成する際には有効ですが、手元資金を枯渇させてまで積み立てる必要はありません。「どのみち老後資金を貯めるなら、iDeCoを活用したら有利」という認識でいましょう。

　60歳までカギがかかる口座は、一見デメリットのように思えます。しかしiDeCoのような、**自動引落としで、別口座ですぐに使わない老後資金を、税制優遇を活用して効率よく貯めるしくみ**を知っておくと、計画的な資金づくりがしやすいでしょう。

　また、年金制度という性格上、より長く運用したほうが受け取り額が多くなりやすいのは、iDeCoも同様です。なお、60歳未満での途中引出しについては、一般的な退職一時金と同じように、**iDeCoの年金資産残高を退職と同時に必ず現金化できるというわけではありません**。資産が25万円以下、または通算拠出期間が5年以下などの所定の要件を満たした場合、脱退一時金を受け取れることがあります。

原則60歳まで資産を引き出せないリスクはある

老後に向けた資産を築くための制度として、iDeCoには国の税制上の優遇が設けられている。そのため、途中で資産を引き出すことは原則として認められていない。加入者が60歳になってから、資産を受け取ることができる

コツコツ貯めて
老後に
受け取ろう

脱退一時金の条件

iDeCoは原則として、中途解約して払い戻しを受けることはできませんが、以下の①〜⑤の支給要件をすべて満たす場合は、脱退一時金を受給することができる。

❶ 国民年金保険料の納付を免除されている[※1]

❷ 確定拠出年金の障害給付金の受給権者ではない

❸ 通算拠出期間が5年以下[※2]、またはiDeCoの年金資産残高（個人別管理資産）が25万円以下

❹ 最後に企業型確定拠出年金（企業型DC）またはiDeCoの資格を喪失した日から2年以内

❺ 企業型DCの加入者資格喪失時に脱退一時金を受給していない

※1：障害基礎年金裁定通知を受けた人および国民年金法第89条第3号の施設に入所している人は除く

※2：掛金を拠出しなかった期間は含まない。企業型年金や企業年金制度から個人型年金に年金資産を移換している場合、それらの加入期間も含む

概要 | 06

iDeCoでの投資は
50歳からだと遅い？

老後資金を増やすラストチャンス

カギのかかったiDeCo口座を開け、60歳から年金資産を受け取るには、iDeCoに加入していた期間（通算加入者等期間）が原則10年以上必要です。例外として、通算加入者等期間が10年に満たない場合は受給開始年齢が繰り下がります。たとえば、55歳から加入した場合は、60歳までの加入期間が4年以上6年未満に含まれるので、60歳ではなく63歳になったらカギをあけ、貯まった年金資産残高を受け取ることができるようになります。

ただし、2022年からは年金法の改正によって、iDeCoの加入可能期間や受給可能期間が公的年金制度などと足並みをそろえる動きがあります。それに伴い、4月からは、国民年金の任意加入被保険者であれば、「60歳以上65歳未満」であっても新規加入でき、さらに5月からは「60歳から75歳の間」に受給可能期間を拡大、5年経過すれば受給可能となります。

これらを踏まえると、公的年金では不足しがちな老後資金を、iDeCoのような私的年金でフォローしやすくなったといえます。50歳であれば老後資金を増やすラストチャンスでしょう。

通算加入者等期間に応じた受給可能な年齢

加入期間	受給年齢	加入期間	受給年齢
10年以上	60歳	8年以上10年未満	61歳
6年以上8年未満	62歳	4年以上6年未満	63歳
2年以上4年未満	64歳	1カ月以上2年未満	65歳

60代からの加入では積み立て期間が短くなる

出所：iDeCo公式サイト

50歳以上で加入した場合

通算加入者等期間	受給開始年齢
10年以上	60〜70歳の間に受給開始
8年以上10年未満	61〜70歳の間に受給開始
6年以上8年未満	62〜70歳の間に受給開始
4年以上6年未満	63〜70歳の間に受給開始
2年以上4年未満	64〜70歳の間に受給開始
1カ月以上2年未満	65〜70歳の間に受給開始

50歳　　　　　　　60歳　　　　　　　70歳

※条件を満たせば65歳未満まではiDeCoへの加入が可能

出所：楽天証券確定拠出年金（iDeCo）サイト

iDeCoの給付金には
3つの種類がある

障害給付金などを受け取れる

　iDeCoの加入者、または加入者であった人は、一定の条件を満たすと年金資金を受け取ることができます。この年金資金は「給付金」と呼ばれ、3つの種類に分かれます。**60歳以降に受け取れる一般的な「老齢給付金」、一定の病気や障害状態になると一定期間後に支給される「障害給付金」、亡くなったときに遺族に支給される「死亡一時金」**です。

　1つ目の老齢給付金は、一時金・年金・組合せ（併給）という3つの受け取り方があり（14ページ参照）、それぞれ退職所得控除や公的年金等控除という税制優遇がついています。

　2つ目の障害給付金は、加入者などが70歳になる前に、政令で定める高度障害者になった場合、非課税で受け取れます。

　3つ目の死亡一時金は、加入者などが亡くなった場合に、遺族に死亡一時金が支給されます。なお、重要な点として、加入者があらかじめ、死亡一時金の受取人（配偶者、子、父母、孫、祖父母、兄弟姉妹）を指定していた場合には、「死亡一時金受取人指定申込書」の手続きをすることで、その人が受け取り人となります。

障害給付金の支給要件

- ●障害基礎年金の受給者（1級および2級の者に限る）
- ●身体障害者手帳（1級〜3級までの者に限る）の交付を受けた者
- ●療育手帳（重度の者に限る）の交付を受けた者
- ●精神保健福祉手帳（1級および2級の者に限る）の交付を受けた者

死亡一時金の受け取り人の順位

受け取り人指定がない場合には、法令に基づく以下の順位で受け取り人となる。

妻・夫が
最優先！

順位

❶配偶者（死亡の当時、事実上婚姻関係と同様の事情にあった者を含む）

❷子、父母、孫、祖父母および兄弟姉妹であって、死亡の当時、主としてその収入によって生計を維持していた者

❸上記❷の者のほか、死亡の当時、主としてその収入によって生計を維持していた親族

❹子、父母、孫、祖父母および兄弟姉妹であって、❷に該当しない者

※同順位内であれば、その並びの順番により順位が定められる

※同順位者が2人以上いる場合（例：子が2人）は、死亡一時金はその人数によって等分して支給される（実務上は、代表者の方に一括して支給される）

※本人が亡くなってから5年間裁定請求が行われなかった場合、死亡一時金を受け取る遺族がいないものとみなされ、亡くなった人の相続財産とみなされる（確定拠出年金の死亡一時金としての受け取りはできなくなる）

あらかじめ
受け取り人を決めて
おくこともできます

所得控除を受けるために
どんな手続きが必要？

18 ページで紹介した、iDeCoの掛金に対する全額所得控除のメリットを受けるには、そのための手続きが必要となります。会社員・公務員は毎年11月頃に手続きをする「年末調整」にて、自営業者は「確定申告」にて、税金の還付を受けることができます。会社員・公務員で、年末調整の手続きをし忘れた人や、年末調整の期限に間に合わなかった人は、確定申告を利用することができます。

会社員・公務員は、郵送されてきた「小規模企業共済等掛金払込証明書」を年末調整時に添付します。「給与所得者の保険料控除申告書」に、その年のiDeCo掛金の総額を記入します。

自営業者は、「小規模企業共済等掛金払込証明書」に記載された内容を基に、「確定申告書A」の第一表と第二表に必要事項を記入します。第一表の左側にある「小規模企業共済等掛金控除」欄に、証明書の合計金額を記入するなどし、税務署に提出します。この手続きを行わないと、iDeCoの大きなメリットを享受できなくなるので、注意しましょう。

■会社員・公務員と自営業者で異なる手続き

会社員・公務員の場合（年末調整）
①「小規模企業共済等掛金払込証明書」が届く
②「給与明細の保険料控除申告書」に必要事項を記入
③税務署に提出

会社員・公務員の場合（確定申告）
①「小規模企業共済等掛金払込証明書」が届く
②「確定給申告書A」に必要事項を記入
③税務署に提出

自営業の場合（確定申告）
①「小規模企業共済等掛金払込証明書」が届く
②「確定給申告書B」に必要事項を記入
③税務署に提出

2章

基本 金融機関選びのポイント

iDeCoはどこで購入できるのか、購入する金融機関によってどのような違いがあるのかなど、金融機関選びの一助となる事項を解説します。

上手に続けるための 金融機関の選び方

手数料、商品数などがポイント

　iDeCoに関連する金融機関はさまざまですが、加入者がもっとも関わるのが、加入申し込みなどを行う、受付窓口としての金融機関です。**選ぶ際のポイントは、運用商品・費用・システムの3点です。**

　運用商品を見る際は、ラインアップの特徴や種類、「投資信託（投信）」という元本変動商品（元本確保型ではない）の運用スタイル、保有コストである「信託報酬」に注目しましょう。

　費用とは、口座開設時に国民年金基金連合会へ払う初期費用と年間の口座管理料です。初期費用は有料ですが、口座管理料については、国民年金基金連合会と信託銀行に払う金額以外が無料の金融機関が増えてきており、口座管理料が有料の金融機関は避けられる傾向にあります。また、iDeCo加入時、給付金受取時、他社への残高移換にかかるコストも意外と盲点です。

　システム面はサポート体制やWebの使いやすさなどについてです。コールセンターの受付可能日時や相談のしやすさ、口座管理画面などの操作性や見やすさなどは、相性が悪いとストレスが積もりやすいので、実際に触れて確かめてみましょう。

iDeCoに関する金融機関の動き

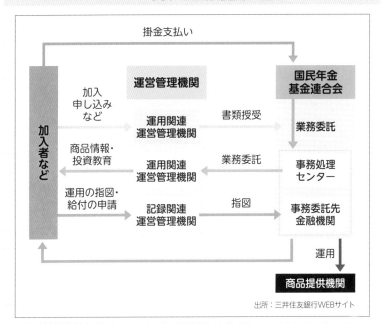

掛金支払い

運営管理機関

国民年金
基金連合会

加入者など

加入
申し込み
など

運用関連
運営管理機関

書類授受

業務委託

商品情報・
投資教育

運用関連
運営管理機関

業務委託

事務処理
センター

運用の指図・
給付の申請

記録関連
運営管理機関

指図

事務委託先
金融機関

運用

商品提供機関

出所：三井住友銀行WEBサイト

金融機関を選ぶ3つのポイント

運用商品

元本確保型が多いか、元本変動型が多いかなど、商品ラインアップを確認する。また、商品本数が少ないと、あとあとスイッチングを希望しても選択肢が少なくなる

費用

長期的な投資だからこそ、手数料も積み重なれば大きな負担になる。口座開設時の初期費用、年間の口座管理料、信託報酬に注目する

システム

コールセンターやWeb上でのサポート体制が整っていれば、投資初心者にとっても安心。また、Webサイトの使いやすさなどもチェックする

基本 | 02

銀行で扱う
iDeCoの特徴

多様な商品が取り扱われはじめた

　iDeCoの受付窓口としての金融機関は多くありますが、中でも銀行はもっとも身近な金融機関でしょう。iDeCoを取り扱う銀行は、都市銀行やゆうちょ銀行、ＪＡバンク、労働金庫、地方銀行などさまざまです。特に近年では、ネット銀行経由でiDeCoに加入する人が急増しています。わざわざ窓口で手続きをするより、自宅でも可能なインターネット経由での加入が増えている傾向にあるのです。

　iDeCoの取扱開始が早かった銀行では、他金融機関との取引関係などが影響していると思われる商品ラインアップが多かったイメージがありましたが、最近では大きく変化がでてきています。たとえば、**より商品選択をしやすいようにシンプルなプランを新設したり、iDeCoでは通常扱わないような投信があったり、定期預金無・積み立て投資中心の先進的テーマで固めたりと、**徐々に新しいコンセプトのプランが登場してきています。自分にあった商品も見つかりやすいので、１つの銀行だけを見るのではなく、どの銀行でどんな商品を扱っているかを確認してみてください。右図では、３つの銀行の例を挙げています。

おすすめの主な銀行

2章

☑ みずほ銀行

ポイント 資産形成をiDeCoだけで行っている人ならこれで充分

特徴 商品ラインアップの中に、幅広く低コストの投資対象を網羅している

※イオン銀行、JAバンクなどにも受付業務を委託している

みずほ銀行ホームページ

☑ 三菱UFJ銀行

ポイント 何を選んでよいかわからない人でも選びやすい！

特徴 「ライトコース」なら、最低限の投資対象と、「バランス型」ファンドをカバーできる

三菱UFJ銀行ホームページ

☑ 三井住友銀行

ポイント iDeCoの常識を覆す、先進的なテーマ性商品多数！

特徴 「未来プロジェクトコース」なら、話題のESGや女性活躍などのテーマにも投資可能。定期預金をなくし、積立投資に特化した珍しいプラン

※SMBC日興証券にも受付業務を委託している

三井住友銀行ホームページ

33

証券会社で扱う iDeCoの特徴

手数料を安く抑えることができる

　証券会社系のiDeCoは、なんといっても商品ラインアップに組入れられている投資信託に個性がでています。最近では圧倒的にネット証券経由のiDeCo加入者数が急増しています。**ネット証券経由では手数料が安い傾向にあるからです。**30ページで紹介したように、iDeCoの運用にはさまざまな金融機関が関わります。運用に関わる金融機関への報酬として支払うべき手数料を「信託報酬」といい、商品ごとに、残高（純資産総額）に対して信託報酬は何％、と割合が決められています。これはiDeCoを運用している限りずっと支払う手数料なので、割合が低くお得な商品を選ぶようにしましょう。

　ほかにも、毎月かかる口座管理料という手数料があります。こちらは商品によって一律の料金が設定されており、0円あるいは実質0円の金融機関が主流となっています。

　金融機関選びには、商品ラインアップの幅広さも重要ですが（32ページ参照）、**信託報酬と口座管理料が安い商品を見つけることも鉄則です。**右図では、あえてネット証券以外の２つの証券会社を挙げたので、ぜひ参考にしてください。

おすすめの主な証券会社

☑ 野村證券

ポイント 条件を満たせば口座管理料が0円になる!

特徴 商品ラインアップの中には、幅広く低コストの投資対象を網羅

野村證券ホームページ

☑ 大和証券

ポイント タイプ別に選びやすくガイダンスしてくれる

特徴 運用方法・投資対象ごとにタイプ別に運用商品をガイド。iDeCoのサイトで「ねんきん定期便」の試算ができるのもユニーク

※auアセットマネジメントの受付業務も受託している

大和証券ホームページ

簡単に年金の試算ができてわかりやすい

LINEでねんきん定期便試算ホームページ

基本 | 04

保険会社で扱う iDeCoの特徴

初心者でも安心のサポート

　保険会社のiDeCoには、生命保険や損害保険が組み入れられたプランがあります。投資信託に関してはどちらかというと信託報酬が高めな傾向があります。そのため、iDeCoを運用することのみを目的とすると、銀行や証券会社と比べ、選ぶ必要性は低いといえるのかもしれません。

　一方で、保険会社経由でiDeCoに加入することで、**保険も含めて、老後に備える総合的なプランをつくりやすいというメリットもあります**。また、コールセンターや加入者限定のWebサイトなどで加入者のサポートを行う会社もあり、運用にまつわる質問や学習を気軽に行えるのもメリットといえます。

　たとえば日本生命では、コールセンターの対応が充実しており、WebサイトでもiDeCoの学習が行えます。取扱商品は、バランス型から国内債券、海外債券、国内株式、海外株式、ＲＥＩＴまで幅広く、商品数も証券会社などには劣りますが24本と一定の本数が揃っています。

　このように、保険会社のiDeCoは、サポート体制や運用商品数など、全体としてバランスがとれている印象を受けます。

おすすめの主な保険会社

☑ 日本生命

> **ポイント** Webサイトがみやすく、商品選びもわかりやすい!

> **特徴** 運用商品にかかるコストと投資対象がわかりやすいようにつくりこまれている

※地方銀行などにも受付業務を委託

日本生命ホームページ

☑ ソニー生命

> **ポイント** 保険会社の中では商品数がもっとも多い!

> **特徴** 商品ラインアップの中に、幅広く低コストの投資対象を網羅

ソニー生命ホームページ

☑ 第一生命

> **ポイント** 商品の品揃えが豊富!

> **特徴** Webサイト上で最新の運用情報が閲覧できる

第一生命ホームページ

50代から始めるなら どの金融機関を選ぶ？

おすすめ5社を比較

　iDeCoによる資産形成は、NISAなどの少額投資非課税制度に比べると売買回数がかなり少ないです。そのため、手数料が長期保有に適した安さか、商品ラインアップが自分の働き方や経済事情にあっているかを考慮することが大切です。**投資の世界において1年以上の保有はそれなりに長期保有といえます。**50代から始めるとしても、その点は変わりません。そこで、選びやすいようにiDeCoに適した金融機関を5社に厳選して紹介します。

　主に注目すべきは運用商品ラインアップです。ネット証券3社（SBI・楽天・マネックス）は商品数や投資対象が幅広く設定されています。一方、イオン銀行やau系のiDeCoは、商品数に比べて「バランス型」の投信が多いです。バランス型の特徴は、その1本で、株式・債券・その他などに充分に分散されているという点です。au系の特徴として、どの商品を選んでよいかわからない方向けには、バランスファンドを推奨しているようです。

　これら5社は、基本的にはWeb上でiDeCoの加入申し込みができます。こういった手続きの簡略化の工夫や、手数料全般は、各社ほぼ横並びとなっています。

各社の運用商品の内訳

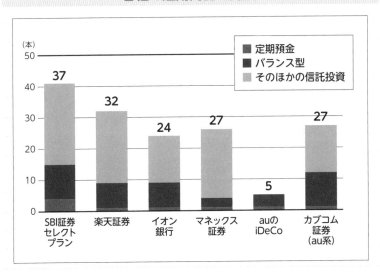

凡例：
- 定期預金
- バランス型
- そのほかの信託投資

(本)

証券会社	本数
SBI証券セレクトプラン	37
楽天証券	32
イオン銀行	24
マネックス証券	27
auのiDeCo	5
カブコム証券（au系）	27

各社の商品本数と手数料一覧

	SBI証券セレクトプラン	楽天証券	イオン銀行	マネックス証券	auのiDeCo	カブコム証券（au系）
商品本数	37	32	24	27	5	27
加入時	2829円					
毎月の費用（積み立てしている）	171円					
毎月の費用（積み立てしていない）	66円					
他社への移換	4440円		—	4440円		
給付金の受け取り	440円					

商品数や取り扱い商品で差がつきやすい

基本的に手数料は同じ

手数料不要のケースもある

※2020年8月時点での料金

金融機関を生活スタイルと 資産形成の優先順位で判断

i DeCoは、老後資金の専用口座です。途中で別の金融機関の口座に移換することもできますが、いったん現金化する必要がある上に、コストもかかります。年金規約（プラン）が異なっていれば、SBI証券（オリジナルプラン）からSBI証券（ダイレクトプラン）への移換のように同じ金融機関内でも移換になります。

　現実的には、いま選べる範囲内で、可能な限り長くつき合えそうな金融機関を選ぶとよいでしょう。

　たとえばネットショッピングをよく使ったり、ポイントを貯める「ポイ活」をしているから楽天やSBI。ショッピングセンターをよく訪れるから、いつでも相談しやすいイオン銀行。スマホで利用しているキャリアがKDDIだからau。このような選び方もできます。

　また、つみたてNISAなど、積み立てによる資産形成をiDeCo以外でも行っているという人は、そちらの確認に手間をさかれ、iDeCoの資産残高をチェックする機会があまりないかもしれません。その場合は、低コストのバランス型の投信であれば確認の手間を減らせるため、バランス型がそろっている金融機関がよい、といったことも考えられます。

　日常の生活スタイルや価値観から、どの金融機関に親しみが持てるのか。利便性を感じる金融機関はどこなのか。iDeCoを中心とした運用をするから、長くつき合えそうな金融機関にするべきなのか。まずはそこから検討してはいかがでしょうか。

3章

基本 銘柄選びのポイント

iDeCoに興味はあるけど、商品ラインアップを見ても違いがわからない……。そう悩んでいる人に向けて、本章では、商品の種類やおすすめの銘柄を紹介します。

銘柄を自分で選んで 自分で運用しよう

iDeCoは自分で運用することが前提

　iDeCoの商品ラインアップには、およその決まりがあります。金融機関（運営管理機関）が提示している運用商品（預貯金、投資信託、保険商品など）の中から、加入者などが自分で選択します。3本以上35本以下の本数（117ページ記載のターゲットイヤー型バランスファンドは、シリーズまとめて1本と数える）の運用商品の中から、組み合わせることも、途中で運用商品を変更することもできますが、取扱う商品の種類や本数は、運営管理機関ごとに異なっています。最近の傾向では、インデックス・ファンド（52ページ参照）はより低コストのものが、アクティブ・ファンド（54ページ参照）は過去の実績などを中心に複数の商品が選定され、また運用商品の多様性も重視されています。

　留意点は、**必ず自分で運用商品を選ぶ**ことです。これを「運用指図（配分指定）」といいます。iDeCo口座開設後、運用指図をしないと、掛金などは未指図資産（現金相当の資産）として管理され、再び運用指図をするには別途手続きが必要になります。さらに一定期間（約4カ月）が過ぎると、運営管理機関の提示する商品（指定運用方法）で自動的に運用が開始されます。

一定の期間運用指図をしなかった場合

口座開設

↓

初回　掛金引き落とし日

約12営業日後

初回掛金拠出日

資産配分の指定がされていない間の掛金は、金融機関にて現金相当の資産として保管される

約4カ月後　記録関連機関より分配設定についての書面郵送

約1カ月後

配分指定締め切り

配分指定をされなかった場合

指定運用方法による運用開始

iDeCo口座を放置していたので指定運用方法での運用がはじまった。別の商品に変更はできますか？

変更可能です。ただ、はじめから自分の希望通りに運用できるよう、運用指図は忘れないようにしましょう

基本 | 02

iDeCoには元本変動型と元本確保型がある

高い収益を求めるか元本割れを防ぐか

　iDeCoで選べる商品は大きく分けて2種類あります。「元本確保型」「元本変動型」です。それぞれだけで運用することも、組み合わせて運用することも可能です。

　原則として、**「元本確保型」はあらかじめ決められた金利で運用され、満期時に元本と利息が確保される安全性の高い商品**です。代表的な商品は定期預金や保険商品です。一方**「元本変動型」は、基本的に投資信託のこと**を指します。株式や債券などに投資するため、市場の状況によっては大きな収益が期待できるものの、元本割れ（収益が投資した金額を下回ること）になる可能性もあります。

　「運営管理機関連絡協議会」の確定拠出年金統計資料によると、2020年3月末のiDeCoの運用商品選択状況は、約36％が預貯金、18％が保険（うち11.4％が損保、6.7％が生保）、約45％が投資信託など（国内株式、外国株式、バランス型が中心）となっています。男女間ではあまり差はありませんが、男性は株式が多め、女性は保険が多めという特徴もあります。また預貯金は、どの年代においてももっとも選択される運用商品です。

よく選ばれる商品

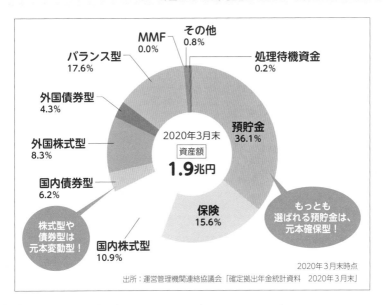

MMF 0.0%
その他 0.8%
バランス型 17.6%
外国債券型 4.3%
外国株式型 8.3%
国内債券型 6.2%
処理待機資金 0.2%
預貯金 36.1%

2020年3月末
資産額
1.9兆円

保険 15.6%
国内株式型 10.9%

株式型や債券型は元本変動型！

もっとも選ばれる預貯金は、元本確保型！

2020年3月末時点
出所：運営管理機関連絡協議会「確定拠出年金統計資料 2020年3月末」

元本変動型と元本確保型の違い

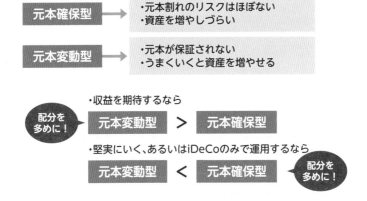

元本確保型 →
・元本割れのリスクはほぼない
・資産を増やしづらい

元本変動型 →
・元本が保証されない
・うまくいくと資産を増やせる

・収益を期待するなら

配分を多めに！　**元本変動型** ＞ **元本確保型**

・堅実にいく、あるいはiDeCoのみで運用するなら

元本変動型 ＜ **元本確保型**　配分を多めに！

元本確保型でも元本割れのリスクがある

「元本確保型」の代表的な商品は、定期預金や保険です。「元本確保」と聞くと、「元本保証」という言葉と同じようなイメージを抱くかもしれませんが、厳密には元本確保型でもコスト割れをする可能性があり、元本保証とまではいい切れません。事務手数料より元本確保型の利息などが低いとき、あるいはスイッチング（運用商品の預け替え）を行うときに元本割れをするリスクがあるのです。

前者のパターンについてですが、事務手数料の安い運営管理機関を活用していたとしても、毎月171円のコストが発生します。**超低金利下である元本確保型の商品（定期預金など）では、この手数料分を上回る運用成果を上げるのは難しいです。**ちなみに、事務手数料の一部である「国民年金基金連合会」に支払う手数料の105円は、掛金を拠出した月のみにかかります。

現金化を視野に入れ始めた時期など、元本確保型のみで運用することが事前に想定される場合、**元本割れリスクを減らす対策として、「加入者月別掛金額登録・変更届」を提出して年払いに変更することが可能です。**同様にボーナス払いも可能です。

スイッチングで起きる元本割れについては、定期預金では、満期日前の6カ月以内で中途解約をする際、そのときの金利情勢によっては**適用される中途解約利率（中途解約に際して金利を減らす割合）が当初適用利率より大きくなり、損をする可能性もあります。**保険商品であれば、中途解約時の状況によっては「解約控除金」が差し引かれ、元本を下回るリスクもあります。

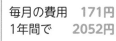

元本確保型で元本割れが起きる例

☑ 収益より手数料が高い場合

| 毎月の費用　171円
1年間で　　2052円 | > | 元本確保型で
得た収益 |

年払い、ボーナス払いで対策可能

年払い
掛金を払う（拠出する）たびに国民年金基金連合会に手数料105円を払う必要があるが、年払いにすると支払回数が減るため、年間で**1155円**得をする

| 月払い |
| 105円×12カ月＝**1260円** |

| 年払い |
| 105円×1カ月＝**105円** |

☑ 定期預金からほかの金融商品に預け替えた場合の参考例

① 預け入れ期間が6カ月未満

定期預金金利
0.1%

6カ月未満で
解約すると

金利が低くなる

中途解約利率が
適用される
0.01%

② 預け入れ期間が6カ月以上1年未満

定期預金金利
0.1%

6カ月以上1年未満で
解約すると

約定金利は変動する

中途解約利率が
適用される
約定金利×50%

基本|03

投資信託には
4つのメリットがある

共同で出資することでメリットが生まれる

　投資信託は、預貯金とは異なる金融商品です。100万円預けたら1万円の利息と100万円が返ってくる、というような、わかりやすい商品設計にはなっていませんが、**「投資信託とは共同投資」**「シェアする投資」**だと考えると理解しやすいでしょう。

　多数の投資家から資金を集めて、大きな基金（ファンド）でさまざまな投資対象に分散して投資し、その運用成果を投資家に還元する、というしくみです。バイキングやビュッフェをイメージするとわかりやすいです。個別の株式投資が単品料理だとすれば、投資信託は一度にさまざまな料理を味わうことができます。

　1人1人の投資額は少なくても、共同で投資することでスケールメリット（規模の効果）も得られます。このしくみには主に4つのメリットがあります。**少額から投資できること、専門家に運用を任せられること、複数銘柄に分散投資できること、売買・保有コストを軽減できること**です。また一般的に、いつでも時価（基準価額）を把握できる高い透明性や、いつでも換金請求できる高い流動性を兼ね備えています。このように、個人では難しい投資を代行する機能をもった金融商品が、投資信託です。

投資信託のしくみとメリット

☑ 投資信託のしくみ

共同投資 → **分散投資**

- ・株式
- ・債券
- ・不動産　など

一般投資家
(iDeCo加入者)

運用の専門家
(ファンドマネージャー)

金融市場

☑ 投資信託の4つのメリット

少額から投資できる

金融機関ごとに異なるが、最安で100円から投資できる

運用のプロに任せられる

ファンドマネージャーと呼ばれるプロによって、一般人が手に入れづらい情報を基に運用される

分散投資でリスクを軽減できる

投資対象の会社が倒産してもダメージが少ない

売買・保有のコストを軽減できる

投資の期間が長いほど、売買や保有時にかかる手数料の年平均が小さくなるためお得になる

☑ 倒産のリスク

投資に関わる関連会社は、それぞれが倒産した場合でも「倒産隔離機能」が備わっているため、投資家の財産は保護される。
また、販売会社や運用を指図する委託者(運用会社)が破たんしても、販売会社や委託者は財産を保管しておらず、受託者である信託銀行による分別管理によって、投資家(受益者)の財産は守られる。

基本 | 04

単一資産型とバランス型を
イメージで理解する

投資の種類は資産と地域の組み合わせ

　投資信託のしくみは難しいと感じるかもしれませんが、イメージとして把握するならとても簡単です。

　投資信託の特徴をもっとも表す分類方法は、資産×地域の組み合わせです。投資対象の国・地域は、日本か海外（先進国・新興国）しかありません。また、代表的な資産は3種類（株式・債券・不動産）です。このほかには預貯金や金などの商品があります。日本×株式などのように単一の組合せ（単一型）と、（日本＋海外）×（株式＋債券）のように、各種の資産が合わさった組合せ（バランス型）があります。**単一型は和食・中華など、テーマが決まっているビュッフェ**であり、**バランス型は多国籍、無国籍のビュッフェ**という具合です。

　また、バランス型にも種類があります。世界の株式（日本・先進国・新興国）中心であったり、世界中の資産（日本・先進国・新興国の株式・債券・不動産）を組み入れていたり、組合せ方法はまちまちです。iDeCo初心者など、ほとんど資産運用経験のない人や、ほかに運用資産のない人などは、まずは世界中の株式への投資を優先して検討するとよいでしょう。

投資対象地域・資産の分類

☑ 単一資産型の種類

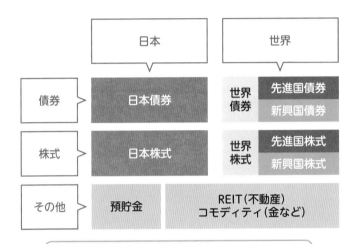

	日本	世界	
債券	日本債券	世界債券	先進国債券
			新興国債券
株式	日本株式	世界株式	先進国株式
			新興国株式
その他	預貯金	REIT（不動産）コモディティ（金など）	

複数の単一資産型を組み合わせた投資信託は**バランス型**と呼ばれる

☑ 単一資産型とバランス型の違い

単一資産型
日本株式（日本×株式）、先進国債券（先進国×債券）など、単一の組み合わせにだけ投資を行うこと

バランス型
日本債券（日本×債券）と先進国株式（先進国×株式）を同時に投資するなど、複数の資産に投資すること

運用の手間が少ないためコストが抑えられる！

バランス型はリスクが分散される！

基本 | 05

インデックス・ファンドと アクティブ・ファンド

見通しを立てやすいインデックス・ファンド

投資信託には、単一資産型とバランス型の区分とは別に、「インデックス・ファンド」「アクティブ・ファンド」という区分があります。この区分も、投資のリスクや手数料と関わっているのでチェックしておきましょう。

インデックス・ファンドとは、**ある指標（インデックス、あるいはベンチマークとも呼ばれる）と連動するように運用される投資信託**のことです。国内株式型であれば、主に日経平均株価やTOPIX（東証株価指数）などの指数と連動して資産価値が変化するので、指標が日々のニュースや新聞などで確認できるため、値動きのイメージをしやすいというメリットがあります。

このタイプでは、指標より運用がうまくいった（儲かった）かどうかという金銭面の損得と、運用の優秀さとは関係ありません。**連動対象となる指標の値動きに限りなく近づける運用ができていれば、それが優秀なインデックス・ファンド**です。

常に平均点を取りに行き、「パッシブ運用」（受け身な運用）が行われるため、老後資金を着実に貯めていくための、まさにiDeCoのような積立制度とは相性がよいです。

インデックス・ファンドとは

☑ 指標と連動した運用

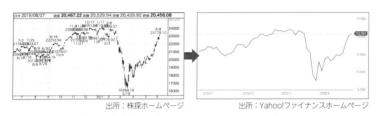

出所：株探ホームページ   出所：Yahoo!ファイナンスホームページ

日経平均株価   **インデックス・ファンドの値**

指標となるデータ

国内株式型であれば、主に日経平均株価やTOPIX（東証株価指数）が指標となる。債券型でも、それぞれの投資先の債券インデックスを指標としている

指標との連動方法

指標と同じ銘柄を同じ比率で購入する方法（完全法）や、銘柄をグループ分けして各グループから銘柄を選ぶ方法（層化抽出法）、統計学を用いたシミュレーションを用いる方法（最適化法）などがある

☑ メリットとデメリット

メリット	デメリット
値動きがイメージしやすい 指標に沿って運用されるため、指標から大きく上下にかい離する、といった事態が起こりづらい	**ハイリターンではない** 比較的安定した投資である反面、急に価値が上昇する現象も起きづらいため、リターンが少ない
放置して大丈夫 指標の動向にも適宜注目する必要はあるが、細かい指示は不要のため初心者でも安心	**安定が保証されるわけではない** 国内経済や国際情勢が悪化すると、その影響によって価値が下がり、損をする可能性もある

期待株で構成されるアクティブ・ファンド

　アクティブ・ファンドとは、**指標などよりも大きい収益の獲得を目的にプロの手によって運用される投資信託**を指します。

　このタイプでは、商品毎に運用方針が大きく異なります。運用方針が特徴的で個性豊かではありますが、収益追求のプロに運用を任せるため、一般的に信託報酬などのコストが高い傾向にあります。また、運用成果は運用コストによって大きく改善されるわけではなく、結果を見るまでは本当に収益が出るのかがわからない、という不透明な側面もあります。そのため、過去の実績のチェックはインデックス・ファンドよりも重要です。アクティブ・ファンドを検討しているなら、運用方針の適性などを含めて、相対的に安定した実績かをチェックしましょう。

　また、ファンドマネージャーの運用方針にも大きく左右されます。アクティブ・ファンドであっても、結果的にインデックス・ファンドと大差ない運用を行うファンドマネージャーもいます。どういった運用が行われているのか、自分の希望に合う運用方針のファンドマネージャーであるかも確認しましょう。

　ほかにも、希望の銘柄が安定的に投資家を獲得し、新しく資金が流入しているか、解約が増えていないかを確認することも重要です。具体的には、**投資信託の残高（純資産総額）減少ペース、信託期間（運用期間）が短くないか、などという点をチェック**することで長期投資に向いていない銘柄を買わなくて済むようになります。

アクティブ・ファンドとは

☑ ファンドマネージャーによって運用される

投資家

投資

運用の専門家
（ファンドマネージャー）

指標の数値を
超える収益を
目指す

銘柄の種類

販売されている銘柄の多くはアクティブ・ファンドであるため、品ぞろえが
豊富にある

購入前のチェック項目

過去の実績はもちろん、投資信託の残高（純資産総額）や、信託期間（運用期
間）を見て銘柄の人気や自分のニーズに合っているかを確認する

☑ メリットとデメリット

メリット	デメリット
大きな収益が期待できる 指標の数値を超えるように運用される ため、大きな収益が期待できる	**リスクが高い** 指標の数値より下がる可能性もあるた め、元本割れのリスクが高い
個性的な品揃え 一般的には多くのアクティブ・ファン ドが、その実績や個性的な運用方針に より選ばれている	**コストが高い** プロに運用を任せるため、信託報酬が 割高になる

基本│06

国内に投資する投信
国内株式型と国内債券型

株と債券に投資する

　国内への投資を中心に行う投資信託には、主に国内株式型と国内債券型の2種類があります。

　国内株式型とは、主に国内企業の株式に投資して運用する商品のことです。一方、国内債券型は主に日本国債や地方公共団体、国内企業の債券（公社債）に投資して運用する商品のことです。債券は「借用証書」であり、債券を買う側がお金を貸す側です。

　株式と債券では、価格の上下の仕方が異なります。一般に株式のほうが価格の上下動が激しく、値上がりの期待がもてる一方で大きく下落する可能性もあります。それに比べて債券は、国などが発行しており、通常であれば大きく値上がりしない代わりに大きく値下がりすることもなく安定しています。

　つまり、**国内主体の投資信託においては、株式型がリスク大、債券型がリスク小**というわけです。ただし、株式型のなかには日経平均株価やＴＯＰＩＸ（東証株価指数）など、国内経済指標と連動するように運用されるインデックス・ファンドがあります。いわば日本を代表する企業の株価の平均を示すものですから、企業単体への投資に比べると、安定性は増します。

国内株式型のしくみ

拠出 →

株式の購入・運用 →

← 収益・分配金

← 利益・配当

加入者　　　　　　ファンドマネージャー　　　　　　国内株式

投資したお金は、国内企業の株式を中心に運用される

変動が大きい　→　メリット：リターンが大きくなる可能性がある
　　　　　　　　　デメリット：元本割れの可能性がある

国内債券型のしくみ

拠出 →

債券の購入・運用 →

← 収益・分配金

← 利益・利息

加入者　　　　　　ファンドマネージャー　　　　　　国内の国債・公社債

投資したお金は、国内債券を中心に運用される。債券とは、国や地方公共団体・会社などに資金を貸す際の借用証書のこと。国が発行する債券を国債、地方公共団体や会社などが発行する債券を公社債（地方債・社債）という

変動が小さい　→　メリット：元本確保型に次いで安定している。特に
　　　　　　　　　　　　　　国債は一番安全な資産
　　　　　　　　　デメリット：リターンが比較的少ない

基本 | 07

先進国に投資する投信
国際株式型と国際債券型

海外への投資は為替にも注意を払う

　国内に投資する投資信託の一方で、海外への投資を中心とした投資信託もあります。国内と同様に株式型（国際株式型）と債券型（国際債券型）があります。また、投資先となる国は、一般に先進国です（新興国については60ページ参照）。

　また、国内と比べて大きく異なるのは、**運用の成果（リターン）に株式や債券の値動きに加えて、為替も大きく影響するという点です**。投資家からお金を集めたファンドマネージャーは、日本円を外貨に両替し、株式や国債・公社債を購入します。そして、ファンドマネージャーがその海外資産を売却すると、最終的に日本円に両替して換金されます。つまり、購入時と売却時、ともに為替レートの影響を受けるのです。**購入時より円安になっていたケースでは、その差分が投資家の利益になります**。

　つまり、国内の投信と比べると、株式や債券の値動きに加えて為替のリスクもあるわけです。とはいえ、国際株式型に投資する場合は、為替レート単体での変動はあまり気にしなくても問題ありません。株価と為替レートの変動を含めて、国際株式への投資だと思ってよいでしょう。

国際株式型のしくみ

加入者

拠出（日本円）

収益・分配金
（日本円）

ファンドマネージャー

国際株式の
購入・運用（外貨）

利益・配当
（外貨）

海外の株式

投資したお金は、海外企業の株式を中心に運用される

メリット：国内株式よりも変動が大きく、その分リターンも期待できる
デメリット：為替リスクがある（為替相場の動きがリターンに影響する）

国際債券型のしくみ

拠出者

拠出（日本円）

収益・分配金
（日本円）

ファンドマネージャー

国際債券の
購入・運用（外貨）

利益・利息
（外貨）

海外の国債・公社債

投資したお金は、海外の国債・公社債（地方債・社債）を中心に運用される。債券とは、国や地方公共団体・会社などに資金を一時的に提供する投資のこと。国が発行する債券を国債、地方公共団体や会社などが発行する債券を公社債（地方債・社債）という

メリット：国際株式と比べると変動が小さく、安定している
デメリット：為替リスクがある（為替相場の動きがリターンに影響する）

基本｜08

新興国に投資する投信も株式型と債券型がある

為替リスクに加えてカントリーリスクもある

　海外を対象とした投信について先述しましたが、新興国を対象とした投資信託もあります。投資信託で扱われる新興国はエマージングとも呼ばれ、主にロシア、ハンガリーなどの東欧、メキシコ、ブラジルなどの南米、タイ、マレーシアなどの東南アジア、トルコなどの中東、インドなどの南アジアを指します。

　前セクションの説明と同様に為替リスクがあるわけですが、**債券型の場合、各国の通貨で債券を購入する投資信託と、米ドル建ての債券を購入する投資信託の2パターンあります**。少々ややこしいですが、まずは、前者は各国為替レートの変動を受ける、後者は米ドルの影響を受ける、と覚えておきましょう。

　また、先進国と比べると新興国はリスクが高いです。たとえば、石油生産国の株式や債券は原油価格に大きく左右されます。**インフレや国際情勢の変化などのリスク（カントリーリスク）があることを理解しましょう**。米ドル建ての債務の返済に苦しくなった新興国が、デフォルト（返済不能・破たん）となるケースも珍しくなく、投資信託の基準価額に影響を及ぼすこともあります。目論見書で組み入れられた国の割合を把握しましょう。

新興国株式型のしくみ

拠出（日本円）

収益・分配金
（日本円）

加入者

ファンドマネージャー

新興国株式の
購入・運用（外貨）

利益・配当
（外貨）

**カントリー
リスクがある**

株式

株式　株式

新興国の株式

3章

投資したお金は、新興国の株式を中心に運用される

メリット：経済の発展が期待でき、リターンが大きくなる可能性がある
デメリット：インフレ、国際情勢、その国特有のカントリーリスクがある

新興国債券型のしくみ

拠出（日本円）

収益・分配金
（日本円）

加入者

ファンドマネージャー

新興国債券の
購入・運用（外貨）

利益・利息
（外貨）

**カントリー
リスクがある**

債券

債券　債券

新興国の国債・公社債

**投資したお金は、新興国の国債・公社債を中心に運用される。ファンドマ
ネージャーが現地通貨で投資する現地通貨建と、信用のあるアメリカドル
で投資する米ドル建ての2種類がある**

メリット：現地通貨建ては、経済的に発展傾向があり利回りが大きい。
　　　　　米ドル建ては、各国の不安定な為替レートの影響を受けづ
　　　　　らい
デメリット：現地通貨建てのレート変動は予測が難しい。米ドル建ては、
　　　　　　現地通貨建てに比べて利回りが小さい

61

基本 | 09

REIT型は不動産を 中心に投資する投信

建物の家賃収入が収益のメイン

　ここまで紹介した投資信託は、株式や債券などの金融商品に投資するものでした。ここで紹介するREIT型投資信託とは、国内外の不動産投資信託（REIT）を中心に投資する投資信託です。

　そもそもREITとは、高層ビルや商業施設などを取得・運用するために投資する金融商品です。不動産を購入するためには巨額のお金が必要ですから、そのために資金を集め、その資金で組み入れたビルの家賃収入や売買益を分配する、というイメージです。マンション経営には同様に何億円という資金が必要ですが、REITは数十万円から購入可能であり、このREITが組み入れられたREIT型の投信は、さらに少額から購入できます。

　マンションの家賃が急に半額になることは想定しにくいですし、ビルも同様ですから、そこに投資するREITは株式と比べると価格が安定しています。さらに**REIT型投資信託は複数のREITに分散投資するので、より価格変動のリスクは低くなります。**極端に上昇することも、急激に下落することも比較的想定しにくいしくみとなっており、安定志向の人におすすめです。

REIT型のしくみ

☑ REIT型投資信託の流れ

加入者

投資 →
← 収益・分配金

ファンドマネージャー

REITの購入 →
← 利益・家賃収入

国内外のREIT

> REITの中は
> どんなしくみ？

☑ REITのしくみ

一般投資家

REITの
購入 →
← 収益・分配金

REITにおける
ファンド
マネージャー

これがREIT

取得・運用など →
← 家賃収入・売買
損益など

ビル・商業
施設など

REITとは、不動産への投資のこと。一般投資家が特定の建物（ビルや商業施設）の取得・運用を目的としたREITに投資し、その建物の家賃収入・売買益を分配金として受け取る。REITは税制優遇を受けるため、一般的に利益の90％超を投資家に還元する

メリット：少額からでも投資が可能。複数の不動産に分散投資するため
　　　　　価格変動のリスクが抑えられる

デメリット：急激な価格の上昇は起きづらく、短期的に大きく売却益を
　　　　　　得るような商品ではない

基本 | 10

投資にまつわる
リスクを知る

海外の商品はリスク要因が多い

　皆さんも「ハイリスク・ハイリターン」という言葉を聞いたことがあるでしょう。これは「リスクをとれば、リターンが得られる」という意味ですが、金融の世界では、この言葉の順番を逆にして覚えておくべきです。「ハイリターン・ハイリスク」、つまり**「リターンを得るには、リスクをとる必要がある」**というわけです。ただし、リスクという言葉は単に危険という意味ではなく、期待リターン（将来見込める年率の平均的リターン）に対する不確実性を表しています。期待リターンという目標値に対し、どれくらい上下にブレてしまう可能性があるか、ということです。

　そうしたリスクを高める要因は多くあります。たとえば、経済情勢や企業の業績（価格変動リスク）、外国為替の相場（為替変動リスク）、物価上昇による紙幣価値の低下（インフレリスク）、資金繰りや財務状況（信用リスク）などです。

　右ページの図では、左下から右上にかけて徐々にリターンもリスクも上がっています。**国内商品より海外商品が高リスクなのは、為替や世界情勢が絡むためです。**図中の左上・右下は、リスクとリターンが見合っていないため、投資に値しない商品です。

各商品のリスク・リターンのイメージ

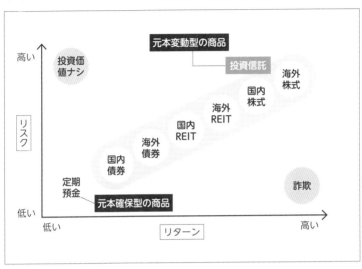

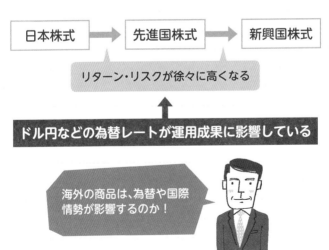

基本 | 11

選ばないほうがよい
銘柄の特徴

コストと投資信託の残高に着目する

iDeCoで投資できる投信を選ぶ際の注目点は、主に手数料（信託報酬などのコスト）と投資対象です。コストには、①ファンド資産から毎日差し引かれる信託報酬（運用管理費用）、②解約時に基準価額から一定額が差し引かれる信託財産留保額などがあります。②が0円の投資信託もあります。信託報酬であれば、一般的にはインデックス・ファンドは低め（0.1 〜 0.5％程度）、アクティブ・ファンドは高め（0.7 〜 1.5％程度）です。

インデックス・ファンドのどの銘柄がよいかで悩むかもしれませんが、同じ指標であれば、**よりコストが低いものを選びましょう**。インデックス・ファンドは低コスト化が進んでいますが、中にはひと昔前の高コストな銘柄もあるので、手数料は確認しましょう。

アクティブ・ファンドであれば、投資対象の成長性に注目してください。魅力的でないと思われるものへの投資は避けましょう。また、**継続的な人気度を測るバロメーターとして、その投資信託の残高（純資産総額）が伸びているかも、客観的な判断材料になります**。この値が伸びていない銘柄は人気が低い証です。

コストに注目して銘柄を選ぶ

☑ 信託報酬をチェックする

> **インデックスファンド**
> ・信託報酬は低い
> ・昔のインデックスファンドは信託報酬が高い場合がある

> **アクティブファンド**
> ・信託報酬は高い
> ・投信の残高（純資産総額）が伸びていると人気銘柄の証

☑ 銘柄選びのポイント

● コストをなるべく抑える

どれだけ優秀な運用会社でも、どの銘柄でどれだけ収益が見込めるかはわからない。だからこそコストをなるべく抑えることが収益向上につながる

● 株式の運用を優先する

非課税というiDeCoのメリットを最大限に生かすには、期待リターン（将来的に見込める年平均リターン）がなるべく高いものへ投資したほうが効率的だ。投資対象を分散し過ぎると効率が落ちてしまう。
これらの懸念をなくすため、目先の変動に振り回されず、株式中心の運用がよい

コスト面から考えても、
魅力的でない銘柄を選ば
ないようにしましょう

基本｜12

掛金の配分を元に商品を選ぶ

どの商品にいくら出すかは悩むポイント

　初心者であれば、iDeCoの商品ラインアップからどの商品をいくら買うかは、よく悩むポイントです。しかし、毎月の掛金（積立金）を何に何％使うのか、つまり、**どう配分するかを基準に考えることで、わかりやすく選べます。**

　たとえば、毎月1万円を拠出（積み立て）する場合であれば、日本株式20％、先進国株式50％、新興国株式30％というように投資割合を決めます。このパーセンテージの合計が100になるように配分を指定すると、自動的に金額が決まります。掛金は1万円なので、日本株式20％（2000円）、先進国株式50％（5000円）、新興国株式30％（3000円）となります。配分と金額が決まれば、配分指定書に商品名と配分割合を記入するだけで、毎月その通りに拠出されます。

　商品ラインアップが多い金融機関（運営管理機関）での加入を決めたものの、どれを選べばいいかわからない、という場合は、どの投資対象（日本＋株式などのアセットクラス）を毎月拠出するかも決めておきましょう。そうすれば、選ぶ対象の商品数が絞り込めるため、商品選びがとても楽になります。

投資割合を決める

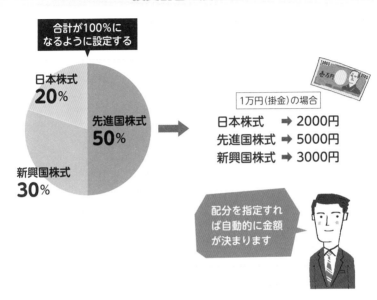

合計が100%に
なるように設定する

日本株式
20%

先進国株式
50%

新興国株式
30%

1万円(掛金)の場合

日本株式 ➡ 2000円
先進国株式 ➡ 5000円
新興国株式 ➡ 3000円

配分を指定すれ
ば自動的に金額
が決まります

配分指定書

配分指定書とは、毎月の掛金配分指定を行うための用紙。自分で選んだ投
資割合を配分指定書に記入することで、毎月その通りに掛金が配分される

運用商品名	商品番号			配分割合	
○○プライム(高成長)	0	0	5	4	0
○○プライム(成長)	0	0	4	3	0
○○ベーシック(安定成長)	0	0	3	2	0
○○ベーシック(安定)	0	0	2	1	0
××銀行確定拠出年金専用一年定期預金	0	0	1		

合計が100%になればOK!

基本 | 13

Webを活用して
商品内容を確認する

各金融機関のサイトに詳細が掲載されている

　iDeCoの運用商品にラインアップされている銘柄は、資料請求した際の資料や、Web上のコンテンツから確認することができます。インターネットで調べる場合であれば、「iDeCo　運管名　商品一覧」などと検索するとすぐに見つけられます。

　各金融機関のサイトにある商品一覧ページは、最低限の情報をすぐに確認できるようになっています。親切なサイトであれば、およその特徴を同じ画面で確認できます。また「概要書」や「説明資料」という形式で、最低限の情報（目論見書、運用報告書、月次レポートなどのような各種資料をまとめたもの）が別途用意されています。

　幅広く銘柄情報を見たい場合におすすめしているのが、**銘柄ごとに個別のWebページを見る方法**です。その投資信託の運用方針や値段（基準価額）、コストや純資産額（投信の規模）などの基本情報がまとめて掲載されているためです。また、**直近の状況を知りたいときにわかりやすいのが「月次レポート」**です。世界情勢や経済に大きな動きなどがあったあとに、その投資信託がどのような状況をたどったか、直近の経緯を把握できます。

銘柄の情報資料

月次レポート	ファンドの運用状況や投資環境を比較的タイムリーに確認できるレポート
運用報告書	運用会社が決算期間ごとに作成を義務づけられている報告書。「交付運用報告書(簡易版)」と「運用報告書(全体版)」がある
目論見書	必要不可欠な情報がコンパクトにまとめられた「交付目論見書」と、投信の決済情報などの詳細な内容が記載されている「請求目論見書」の2種類ある

月次レポート

☑基準価額および純資産総額の推移

■基準価額および純資産総額の推移

出所:三菱UFJ国際投信ホームページ

直近の経済情勢と照らし合わせて確認しやすいです

基本 | 14

投資信託の**目論見書**は ここをチェック！

商品の分類や属性区分を読む

　おそらく多くの人が、目論見書を開いた瞬間、難しそうに感じるかもしれません。しかし、目論見書には投資信託に関する有益な情報が多く盛り込まれています。一般的に交付される目論見書を「交付目論見書」、別途請求すると交付される、より詳細な目論見書を「請求目論見書」といいます。

　表紙上部には、商品の正式名称（あれば愛称も）と商品分類・属性区分が記載され、その商品の特徴を簡単にイメージできるようになっています。商品分類・属性区分は、一般社団法人投資信託協会のWebサイトに詳細な説明が記載されています。

　「商品分類」では、募集形式（いつでも購入できるのか）、投資対象地域・資産（どの地域・国で、株か債券かなど）、運用スタイル（インデックスかアクティブかなど）が記載されています。「属性区分」では、より細かい情報や為替リスクに対するヘッジの有無（為替の影響をダイレクトに受けるか、軽減させているか）が記載されています。これらだけでもとても役に立つと思いますが、ほかにも目論見書でチェックしておきたい点を右図にピックアップしました。ぜひ参考にしてください。

目論見書でチェックしておきたい点

☑ ファンドの投資対象・目的

投資対象（国・地域、資産の種類など）や方法、目指している成果などから、その投信の性格がわかる。

3
章

☑ 基準価額・純資産の推移

設定来の基準価額（値段）および純資産総額の推移がグラフで可視化されている。

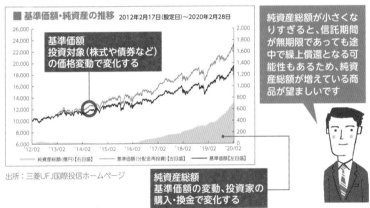

■ 基準価額・純資産の推移 2012年2月17日(設定日)～2020年2月28日

基準価額
投資対象（株式や債券など）
の価格変動で変化する

'12/02 '13/02 '14/02 '15/02 '16/02 '17/02 '18/02 '19/02 '20/02

純資産総額(億円)【右目盛】　　基準価額(分配金再投資)【左目盛】　　基準価額【左目盛】

出所：三菱UFJ国際投信ホームページ

純資産総額が小さくなりすぎると、信託期間が無期限であっても途中で繰上償還となる可能性もあるため、純資産総額が増えている商品が望ましいです

純資産総額
基準価額の変動、投資家の購入・換金で変化する

☑ 主要な資産状況

投資先の構成や組入り上位の銘柄などが確認できる。

	銘柄	比率
1	○○グループ	8.5%
2	××インターナショナル	7%
3	▲▲インターナショナル	5.1%
4	△△ジャパン	4.6%

馴染みのある投信名や会社名を発見できる楽しみもある

☑ 間接的に負担する費用

iDeCo加入者が間接的に負担する、その他の費用・手数料が記載されている。

基本 | 15

元本確保型は年単位で掛金を払うとお得

手数料を小さくしよう

　年金や保険料などは、まとめて支払うと手数料が少なくなり、支払い額も割安になります。元本確保型の商品でも同様です。**「年単位拠出」という制度を利用すると、半年分、１年分とまとめて掛金を拠出（支払い）ができるため、毎月拠出する場合と比べて手数料が安く済みます。**

　ただし、**元本変動型の商品は例外です。**なぜなら、元本変動型はドルコスト平均法（148ページ参照）という方法を活用しているので、年単位拠出では積み立て投資のメリットを受けにくくなるのです。

　拠出額毎月１万円で投資信託を購入するケースを考えてみましょう。ある月は１口１万円で売られていましたが、翌月に１口5000円になれば、２口購入できます。つまり、毎月同じ金額で拠出することで、値段にとらわれずに口数（量）を増やしていくということです。この手法はドルコスト平均法（定期定額投資法）と呼ばれ、ほかの元本変動型商品でも同じメリットが得られます。**元本変動型は年単位拠出を利用せず、手数料を払ってでも毎月拠出したほうが分散効果が高まるケースが多いです。**

掛金の年単位拠出で得をする商品・損をしやすい商品

☑ 元本確保型は年単位拠出で得をする

掛金の支払い（拠出）のたびに、国民年金基金連合会に105円の手数料を払っている。そのため、まとめて払えば手数料を払う回数が減り、お得になる。

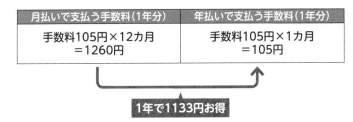

月払いで支払う手数料（1年）	年払いで支払う手数料（1年分）
手数料105円×12カ月 ＝1260円	手数料105円×1カ月 ＝105円

1年で1133円お得

☑ 元本変動型は年単位拠出では分散効果が薄まる

元本変動型は、その月々によって価格の変動が大きい。そのため、月々の拠出額を一定にするという対策をとっている（ドルコスト平均法）。拠出額を一定にすれば、価格が高い月は少量だけ購入し、価格が安い月は多く購入できる。こうすることで、月々の平均購入額を抑えながら、口数（数量）を増やすことも可能になる。

まとめて拠出する場合（4カ月分）

価格（1口）	1万円	1万3000円	6000円	1万1000円	合計	平均購入単価
購入価格	4万円	—	—	—	4万円	1万円
購入口数	4口	—	—	—	4口	

単価が割安になる！

毎月1万円拠出する場合

価格（1口）	1万円	1万3000円	6000円	1万1000円	合計	平均購入単価
購入価格	1万円	1万円	1万円	1万円	4万円	0.92万円
購入口数	1口	0.77口	1.67口	0.91口	4.35口	

口数が増える！

基本 | 16

銘柄❶ 楽天・全世界株式インデックス・ファンド

全世界の投資先を網羅した銘柄

「地球全体に投資する」ことはまさに「究極の分散投資」につながります。この銘柄は、地球上の可能な限りの株式市場に分散投資する投信といっても過言ではありません。

バンガード社は、1976年に世界で初めて米国の個人投資家向けにインデックス・ファンドを設定した歴史のある会社です。現在では世界のインデックス運用商品の約4割のシェアを握り、世界最大級の運用資産残高を誇っています。この銘柄は、そんなバンガード社が運用する「バンガード・トータル・ワールド・ストックETF（VT）」を主要な投資対象としています。

目標とする指標は、FTSEグローバル・オールキャップ・インデックス（円換算ベース）です。この指標は、全世界の大型株・中型株・小型株まで網羅し、**世界の98％程度までカバーしているため、小型株の成長の恩恵を受けることも可能**です。投資先が全世界であるため、ほぼ可能な限り分散されています。

また、この商品では為替ヘッジは原則として行われません。為替ヘッジとは、為替変動の影響を軽減させる手法です。特定の国や地域に過度に依存しすぎずに投資を継続できます。

投資対象 世界株式

購入窓口	商品の種類	運用会社
楽天証券	インデックス型	楽天投信投資顧問

ファンドの概要

● 地球丸ごとといってもよいくらい、全世界にある投資可能な市場時価総額の98%以上をカバーしている
● 指標はFTSEグローバル・オールキャップ・インデックス（円換算ベース）
● 原則として、為替ヘッジを行わない

運用費用(税込)	
信託報酬を含む運用管理費用	0.212%
信託財産保留額	0%

資産配分の割合(国別)

①	アメリカ	55.3%
②	日本	7.5%
③	イギリス	5.0%
④	中国	3.7%
⑤	フランス	3.0%
⑥	カナダ	2.9%
⑦	ドイツ	2.6%
⑧	スイス	2.6%
⑨	オーストラリア	2.1%
⑩	台湾	1.6%
⑪	その他	13.7%

基準価額の推移(過去3年分)

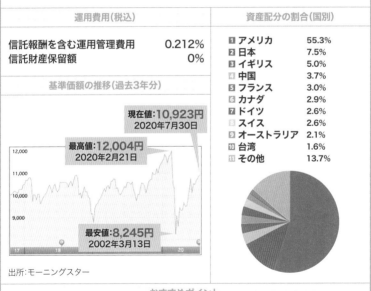

現在値:10,923円 2020年7月30日
最高値:12,004円 2020年2月21日
最安値:8,245円 2002年3月13日

出所:モーニングスター

おすすめポイント

**先進国や新興国市場を含む47カ国の
大型・中型・小型株、約8000銘柄を組み入れている**

※2020年7月末日現在

基本 | 17

銘柄❷ eMAXIS Slim
米国株式（SP&500）

誰もが知るアメリカの上場企業へ投資できる

　この「eMAXIS Slim米国株式（S＆P500）」は、S＆Pダウ・ジョーンズ・インデックス社のS＆P500というインデックスを指標とした低コストのインデックス・ファンドです。**S＆P500は、世界3大投資家の1人と呼ばれるウォーレン・バフェットが、初心者の個人投資にすすめるほどです。**さらにバフェットは、遺産のうち90％の使い道の候補として、S＆P500のインデックス・ファンドの運用を挙げています。このように、世界3大投資家の1人から厚い信頼を寄せられた指標なのです。

　というのも、**この指標はアメリカ国内で厳選された500銘柄で構成されている**からです。マイクロソフトやＧＡＦＡ（グーグル、アップル、フェイスブック、アマゾン）など、日本人にも馴染みのある会社が組み入れ銘柄の上位を占めています。アメリカの指数とはいっても、組み入れられた会社は実質的にグローバル企業なので、ある意味、シンプルかつコンパクトな世界株投資とも呼べるでしょう。

　低コストなインデックス・ファンドが揃った「eMAXIS Slim」シリーズの中でも、トップクラスの人気を誇る商品です。

投資対象 **先進国株式**

購入窓口	商品の種類	運用会社
SBI証券・マネックス証券	インデックス型	三菱UFJ国際

ファンドの概要

- ●指標はS&P500指数（配当込み、円換算ベース）
- ●アメリカの代表的な上場500銘柄が組み入れられた指標
- ●原則として、為替ヘッジを行わない

運用費用(税込)

信託報酬を含む運用管理費用	0.0968%
信託財産保留額	0%

資産配分の割合(銘柄別)

	銘柄	割合
1	Microsoft	4.3%
2	Apple	4.0%
3	Amazon	2.9%
4	Facebook	1.8%
5	Alphabet inc-CL A	1.6%
6	Alphabet inc-CL C	1.6%
7	その他	83.8%

基準価額の推移(過去3年分)

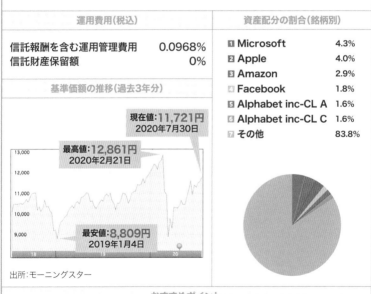

現在値:**11,721円** 2020年7月30日

最高値:**12,861円** 2020年2月21日

最安値:**8,809円** 2019年1月4日

出所:モーニングスター

おすすめポイント

業界内最安(水準)の信託報酬で、低コストで運用できる

※2020年7月末日現在

基本 | 18

銘柄❸ ニッセイ外国株式インデックスファンド

アメリカの経済中心に先進国を味方につける

　ニッセイアセットアネジメントが誇る＜購入・換金手数料なし＞シリーズの中でも低コストなインデックス・ファンドが、「＜購入・換金手数料なし＞ニッセイ外国株式インデックス・ファンド」です。目標とする指標は「MSCIコクサイ・インデックス（配当込み、円換算ベース）」です。MSCIコクサイ・インデックスは、日本を除く先進国22カ国に上場する大・中型株で構成されており、時価総額ベースで85％程度をカバーしています。**先進国株関連の中ではもっとも有名な指数**です。ちなみにMSCIとは、アメリカの金融企業「モルガン・スタンレー・キャピタル・インターナショナル」の略称です。この先進国株式クラスは、iDeCoの主要な運営管理機関で取り扱いがあります。

　新型コロナウイルスによる経済的な打撃の回復局面では、アメリカ株式の株価回復ペースが特に強かったです。そして、この指標の70％程度をアメリカが占めています。つまり、**この指数は新型コロナウイルスの影響に耐えられる運用**であったということです。また、日本株式＋先進国株式というように、自分で組み合わせて投資したい人にも使い勝手のよい商品です。

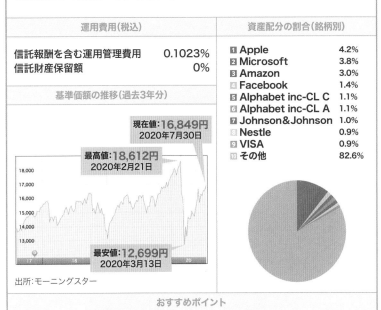

投資対象 先進国株式
（日本を除く）

購入窓口	商品の種類	運用会社
SBI証券	インデックス型	ニッセイアセットマネジメント

ファンドの概要

- 日本を除く主要先進国22カ国に手軽に投資できる
- 指標はMSCIコクサイ・インデックス（配当込み、円換算ベース）
- 原則として、為替ヘッジを行わない

運用費用(税込)

信託報酬を含む運用管理費用	0.1023%
信託財産保留額	0%

資産配分の割合(銘柄別)

①	Apple	4.2%
②	Microsoft	3.8%
③	Amazon	3.0%
④	Facebook	1.4%
⑤	Alphabet inc-CL C	1.1%
⑥	Alphabet inc-CL A	1.1%
⑦	Johnson&Johnson	1.0%
⑧	Nestle	0.9%
⑨	VISA	0.9%
⑩	その他	82.6%

基準価額の推移(過去3年分)

現在値：**16,849円**
2020年7月30日

最高値：**18,612円**
2020年2月21日

最安値：**12,699円**
2020年3月13日

18,000
17,000
16,000
15,000
14,000
13,000

17　　18　　19　　20

出所：モーニングスター

おすすめポイント

先進国株式のインデックスの中では
知名度が高く、時価総額も多い

※2020年7月末日現在

基本｜19

銘柄❹ eMAXIS Slim
新興国株式インデックス

アジアを中心とした投資

この銘柄は、新興国の株式市場に投資するインデックス・ファンドです。MSCIエマージング・マーケット・インデックス（配当込み、円換算ベース）と連動する投資成果をめざして運用を行います。

これは、**低コストなインデックス・ファンドとして有名な**「eMAXIS Slim」シリーズの中でも上位の人気を誇る銘柄です。投資先企業には、アリババ、テンセント、サムスン電子など、日本人でも聞いたことがある企業が上位を占めています。MSCI系インデックスを目標としているため、76ページで登場したFTSE系インデックスとは異なり、小型株は組み入れられていません。投資対象地域は、中国を筆頭に韓国や台湾が半数を占めているため、国際政治情勢は確認しておきましょう。インド、タイなどを含めると、資産分配の割合はアジアだけで約70％にのぼります。新興国とはいえ、大半の投資先がアジアという銘柄です。

成長性という面では期待できそうです。iDeCoのように非課税制度をフル活用することが目的であれば、成長性を重視するというのは最適でしょう。

投資対象 新興国株式

購入窓口	商品の種類	運用会社
SBI証券・マネックス証券	インデックス型	三菱UFJ国際投信

ファンドの概要

● 中国を筆頭に、韓国、台湾、インドなど成長期待の新興国に投資できる
● 指標は、MSCIエマージング・マーケット・インデックス（配当込み、円換算ベース）
● 原則として、為替ヘッジを行わない

運用費用（税込）

信託報酬を含む運用管理費用	0.2079%
信託財産保留額	0%

資産配分の割合（国・地域別）

	国・地域	割合
1	ケイマン諸島	24.1%
2	中国	11.7%
3	台湾	11.5%
4	韓国	11.1%
5	インド	7.8%
6	ブラジル	5.1%
7	南アフリカ	3.5%
8	ロシア	3.0%
9	サウジアラビア	2.6%
10	その他	19.6%

基準価額の推移（過去3年分）

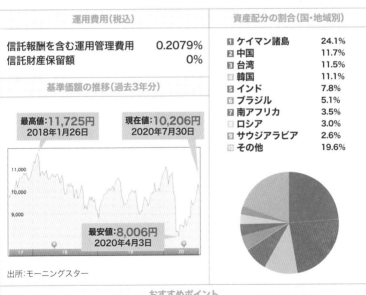

最高値：11,725円 2018年1月26日

現在値：10,206円 2020年7月30日

最安値：8,006円 2020年4月3日

出所：モーニングスター

おすすめポイント

東アジアやBRICSを中心とした
新興国23カ国に投資でき、成長性を期待できる

※2020年7月末日現在

基本│20

銘柄❺ たわらノーロード 先進国債券

為替ヘッジありの安全資産

「たわらノーロード　先進国債券＜為替ヘッジあり＞」は、主として海外の公社債に投資し、FTSE世界国債インデックス（日本を除く、円ベース）に連動する投資成果をめざしています。為替ヘッジが行われるため、為替コストがかかるかわりに、為替変動による影響を軽減することが可能です。

一般的に「先進国債券、為替ヘッジあり」の商品は、日本国債や預金と同様、安全資産・無リスク資産とも呼ばれています。発行体（国や銀行など）が破たんしない限り、満期になると元本と利息が戻るからです。iDeCoのように収益が非課税になる制度で無リスク資産を組み入れる必要は少ないですが、現金化を検討する、リバランスでリスク資産を減らす、あるいはiDeCoをメインに資産形成する場合のリスク軽減という意味では、為替の影響を軽減できる無リスク資産の存在は重要です。

預金＜日本国債＜先進国債（為替ヘッジあり）という順番で、値動きの幅が大きくなるイメージです。基本的には株式とは異なる動きをする傾向にあるので、iDeCoに関わらず、長期にわたる分散投資では役に立つ機会も多いでしょう。

投資対象	**先進国債券**（日本を除く）

購入窓口	商品の種類	運用会社
楽天証券・イオン証券・マネックス証券	インデックス型	アセットマネジメントOne

ファンドの概要

- 指標はFTSE世界債券インデックス（日本を除く、円ベース）
- 国別配分ではアメリカ債券が50％前後、ヨーロッパ諸国各10％以下ずつ。通貨別配分では、アメリカドルが50％弱、ユーロが40％弱
- 為替ヘッジあり

運用費用（税込）

信託報酬を含む運用管理費用	0.22%
信託財産保留額	0%

資産配分の割合（資産別）

1 アメリカ国債	47.64%
2 フランス国債	9.87%
3 イタリア国債	8.78%
4 イギリス国債	6.40%
5 ドイツ国債	6.26%
6 その他の国債	20.32%
7 コールローンなどその他資産	0.73%

基準価額の推移（過去3年分）

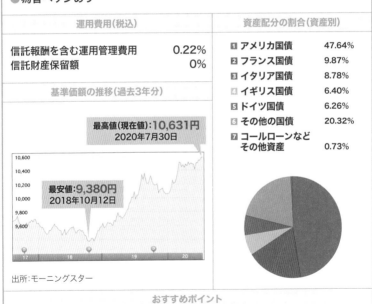

最高値（現在値）：10,631円 2020年7月30日

最安値：9,380円 2018年10月12日

出所：モーニングスター

おすすめポイント

**為替ヘッジありの貴重な債券ファンド
安全資産として活用できる**

※2020年7月末日現在

基本 | 21

銘柄❻ セゾン・バンガード・グローバルバランスファンド

株式と債券の投資比率は原則50：50

世界30カ国以上の株式および10カ国以上の債券に実質的に分散投資を行うファンドです。

株式や債券などの資産に直接投資するのではなく、**株式や債券に投資している複数の投信に投資して運用を行う「ファンド・オブ・ファンズ方式」を採用**しています。

また、株式と債券へ半分ずつ投資することにより、株式のみで構成されたファンドに比べて、リスクを抑えながら安定したリターンの獲得を目指します。

要するに、このファンドを1本購入することで、欧米をはじめ新興国、そして日本など、**さまざまな企業や国の株式や債券に分散投資**することができるわけです。

地域別の投資比率は市場の規模に応じて変化するので、手間なく世界市場の変化に対応できます。投資対象とする投信は、バンガード社が運用するインデックス・ファンド（バンガード・ファンド）です。また、運用会社のセゾン投信は、日本郵便と資本・業務提携を行うなどしている独立系投信会社で、個人投資家に熱烈な支持を受けています。

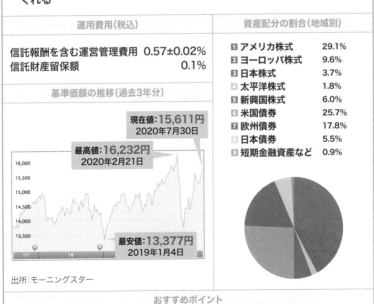

投資対象	世界株式・世界債券

世界株式・世界債券
(ともに日本を含む)

購入窓口	商品の種類	運用会社
楽天証券・SBI証券	バランス型（固定配分型）	セゾン投信

ファンドの概要

● ファンド・オブ・ファンズ方式を採用している
● バンガード社はインデックスファンドの世界シェア1位
● バンガード社のインデックスファンドに投資しつつ、リバランスも行ってくれる

運用費用(税込)

信託報酬を含む運営管理費用　0.57±0.02%
信託財産留保額　0.1%

資産配分の割合(地域別)

1 アメリカ株式　29.1%
2 ヨーロッパ株式　9.6%
3 日本株式　3.7%
4 太平洋株式　1.8%
5 新興国株式　6.0%
6 米国債券　25.7%
7 欧州債券　17.8%
8 日本債券　5.5%
9 短期金融資産など　0.9%

基準価額の推移(過去3年分)

現在値：15,611円
2020年7月30日

最高値：16,232円
2020年2月21日

16,000
15,500
15,000
14,500
14,000
13,500

最安値：13,377円
2019年1月4日

17　18

出所：モーニングスター

おすすめポイント

このファンド1本でほぼ世界中の株式と債券に
バランスよく分散投資することができる

※2020年7月末日現在

3章

基本|22

銘柄❼ 楽天・インデックス・バランス（DC年金）

値動きのリスク（フレ幅）が比較的小さい

　確定拠出年金専用に開発されたファンドで、日本を含む全世界の株式、投資適格債券へ分散投資を行います。

　各資産の基本配分は株式15％、債券85％です。S＆P社など世界的な格付け会社によって信用力が高いとされる投資適格債券（格付けがトリプルB以上）への投資において、原則為替ヘッジを行いながら、ファンド・オブ・ファンズ方式で運用されます。

　具体的には、バンガード・トータル・ワールド・ストックETFと、バンガード・グローバル・ボンド・インデックス・ファンドに投資するファンド・オブ・ファンズ方式です。株式部分は、楽天・全世界株式インデックス・ファンドのベンチマークと同様、FTSEグローバル・オールキャップ・インデックス（円換算ベース）です。為替ヘッジありの債券部分が運用先の大半を占めていますが、株式も組み入れられることで、インフレ（物価上昇）リスクにも、ある程度対応可能です。定年が近づいてきたタイミングなど、**現金化を視野に入れてリスクを軽減していきたいときの投資先**などに活用しやすい商品です。

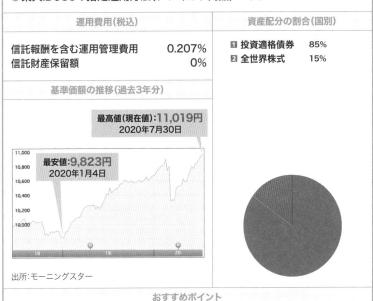

投資対象 世界株式・世界債券
(ともに日本を含む)

購入窓口	商品の種類	運用会社
楽天証券	バランス型 (固定配分型)	楽天投信投資顧問

ファンドの概要

● 債券がほとんどを占めるので、値動きのリスク(フレ幅)は、一般的には小さく、加えて為替ヘッジがあるので、リスクを軽減したいときに活用しやすい
● 楽天iDeCoの指定運用方法(デフォルト商品)である

運用費用(税込)

信託報酬を含む運用管理費用	0.207%
信託財産保留額	0%

資産配分の割合(国別)

1 投資適格債券　85%
2 全世界株式　15%

基準価額の推移(過去3年分)

最高値(現在値):11,019円
2020年7月30日

最安値:9,823円
2020年1月4日

出所:モーニングスター

おすすめポイント

**実質的に日本を含む全世界の投資適格債券を
中心に、株式へも分散投資を行っている**

※2020年7月末日現在

89

基本｜23

銘柄❽ 三井住友・DC外国
リートインデックスファンド

インフレに強い不動産に投資する銘柄

　日本を除く世界各国の不動産投資信託（REIT）に投資し、Ｓ＆Ｐ先進国REIT指数（除く日本、配当込み、円換算ベース）に連動する投資成果を目指しているファンドです。原則として為替ヘッジは行っていません。

　Ｓ＆Ｐ先進国REIT指数採用銘柄（採用予定を含む）に投資を行っており、iDeCo加入者をはじめとした投資初心者など、**誰でも気軽に海外の不動産を間接的に保有**できます。

　近年では海外不動産を保有する、あるいは保有したいという国内の投資家が多くなってきていますが、この商品のような投信を活用する方法もあるというわけです。

　また、**不動産は株式と同様、インフレ（物価の上昇による紙幣価値の下落）に強い**という側面もありますから、インフレヘッジとして活用することもあるでしょう。投資法人としてのREITには、家賃収入の9割超を、分配金として投資家に還元することによる税制優遇があります。

　また、金融商品として、現物の不動産に比べて手間をかけずに換金できるというメリットもあります。

投資対象 世界REIT

購入窓口	商品の種類	運用会社
楽天証券・SBI証券・マネックス証券	インデックス型	三井住友DSアセットマネジメント

ファンドの概要

● 日本のREIT（J-REIT）と比べると、構成銘柄のバランスが取れている
● ネットワーク・データセンター系の特化型施設、産業用施設、賃貸住宅などが上位を占める
● 原則として、為替ヘッジを行わない

運用費用（税込）

信託報酬を含む運用管理費用　0.297%上限
信託財産保留額　0%

資産配分の割合（国別）

1 アメリカ　　　　74.19%
2 イギリス　　　　4.89%
3 オーストラリア　4.88%
4 シンガポール　　3.95%
5 フランス　　　　2.40%
6 カナダ　　　　　1.75%
7 その他の国　　　2.91%
8 その他の資産　　2.99%

基準価額の推移（過去3年分）

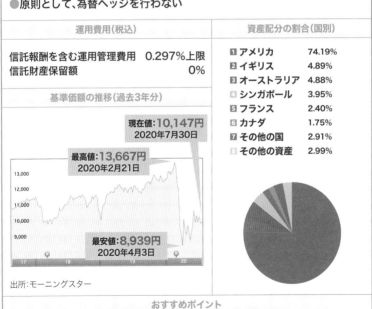

現在値：10,147円
2020年7月30日

最高値：13,667円
2020年2月21日

最安値：8,939円
2020年4月3日

13,000
12,000
11,000
10,000
9,000

17　18　19　20

出所：モーニングスター

おすすめポイント

気軽に購入できて、かつ不動産に直接投資するより換金性が高い

※2020年7月末日現在

基本｜24

銘柄❾ ニッセイJリート
インデックスファンド

日本のREITに投資する銘柄

　これはニッセイアセットマネジメントが誇る＜購入・換金手数料なし＞シリーズの商品です。東京証券取引所に上場しているREITのすべての銘柄の時価総額の加重平均——つまり日本のREITのおおよその平均を示す**東証REIT指数（配当込み）に連動する成果をめざし、その構成銘柄に投資をしている**ファンドです。SBI証券とマネックス証券で取り扱っていますが、類似のファンドを楽天証券やイオン銀行などでも取り扱っています。

　不動産は株式と同様、インフレに強いという側面もありますから、インフレヘッジとして活用することもできるでしょう。

　投資法人としてのREITには、家賃収入の９割超を、分配金として投資家に還元することによる税制優遇があります。また、金融商品として現物の不動産より換金しやすい利点もあります。

　将来に備え**投資用マンションをローンで購入している人もいると思いますが、そこで残ったローン残高をJ-REITの積立分で返済する**という活用法もあります。将来的に投資用マンションを保有したいと考えているのであれば、iDeCo以外の口座で、REITを活用しながら頭金を準備していくのもよいでしょう。

投資対象 日本REIT

購入窓口	商品の種類	運用会社
SBI証券・マネックス証券	インデックス型	ニッセイアセットマネジメント

ファンドの概要

- 東証REIT指数には、日本のREIT（J-REIT）が63銘柄含まれる
- J-REITが保有している不動産の用途別保有額（取得価格ベース）の割合は、商業施設が40％程度、商業施設・物流施設・住宅が15％程度
- 低金利下の日本では海外REITに比べると利回りが低め

運用費用（税込）

信託報酬を含む運用管理費用	0.275%
信託財産保留額	0%

資産配分の割合（商品別）

1. 日本ビルファンド投資法人　7.27%
2. ジャパンリアルエステイト投資法人　6.81%
3. 野村不動産マスターファンド投資法人　5.55%
4. 日本リテールファンド投資法人　4.63%
5. その他　75.74%

基準価額の推移（過去3年分）

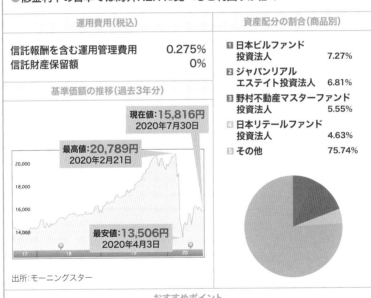

現在値：15,816円 2020年7月30日

最高値：20,789円 2020年2月21日

最安値：13,506円 2020年4月3日

出所：モーニングスター

おすすめポイント

**投資法人への税制優遇制度により
J-REITは投資家への分配金が多くなる傾向がある**

※2020年7月末日現在

基本｜25

銘柄⑩ ニッセイ日経平均
インデックスファンド

日経平均株価に連動するように投資する銘柄

　日本人にとって、最も馴染みのあるインデックスファンドともいえる日経平均株価（日経225）。東証第1部上場銘柄のうち代表的な225銘柄の平均株価指数で、日本経済新聞社が算出し、公表しています。ここで紹介するニッセイ日経平均インデックスファンドは、**日経225の値動きを示す「日経平均トータルリターン・インデックス」の動きに連動する投資成果**を目指し、同指数に採用されている銘柄の中から200銘柄以上に等株数投資（額面換算で同じ株数になるように投資）しています。

　ユニクロ（ファーストリテイリング）やファナック、東京エレクトロン、京セラなど、いわゆるハイテク、情報・通信業などの値嵩株（株価が市場全体の平均値に比べて高い株）の影響を大きく受けるようになっています。

　本商品は、ニッセイアセットマネジメントが誇る低コストな<購入・換金手数料なし>シリーズです。**ほかの先進国株などの投信と別途、組み合わせて積立てる**際にも活用できます。楽天バンガード・eMAXIS Slim・たわら」などと同様に、人気のシリーズです。

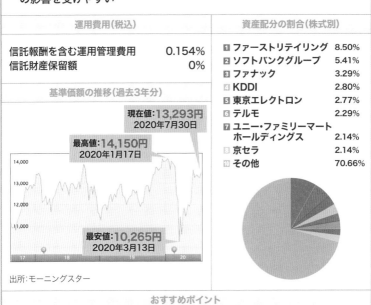

投資対象 日本株式

購入窓口	商品の種類	運用会社
楽天証券・SBI証券・マネックス証券	インデックス型	ニッセイアセットマネジメント

ファンドの概要

- 原則として、日経平均株価に採用されている銘柄のなかから200銘柄以上に等株数投資（組入銘柄の株数を同じにする）
- 業種としては、電気、小売り、情報通信が上位を占める傾向にあり、値嵩株の影響を受けやすい

運用費用（税込）

信託報酬を含む運用管理費用	0.154%
信託財産保留額	0%

資産配分の割合（株式別）

1	ファーストリテイリング	8.50%
2	ソフトバンクグループ	5.41%
3	ファナック	3.29%
4	KDDI	2.80%
5	東京エレクトロン	2.77%
6	テルモ	2.29%
7	ユニー・ファミリーマートホールディングス	2.14%
8	京セラ	2.14%
10	その他	70.66%

基準価額の推移（過去3年分）

現在値：13,293円
2020年7月30日

最高値：14,150円
2020年1月17日

14,000
13,000
12,000
11,000

最安値：10,265円
2020年3月13日

17　18　19　20

出所：モーニングスター

おすすめポイント

**日経平均株価の配当込みの指数と
連動する投資成果を目指すファンド**

※2020年7月末日現在

銘柄選びの相談は
どんな人にするべき？

i DeCoに関する相談の中でも「どの商品がよいか？」「いくら買ったらよいか？」といった質問はトップクラスの難易度であり、この問いにすぐに答えられる人は皆無です。というのも、こうした質問は、iDeCoの商品一覧を見るだけで答えられるわけではないからです。

iDeCoのほかに運用資産はあるのか？　生活費や予備費としての貯金はいくらか？　家族構成は？　職業は？　生活スタイルは？　これから送る人生の価値観は？　など、日常会話や雑談に近い内容が求められます。また、アドバイザーによって見解が異なるため、自分にとっての正解や最適な答えを探すことは簡単ではありません。このように、日常生活や経済事情についての要因を一つ一つアウトプットし、それらを改めて見つめ直し、そこからiDeCoについて考えることが、銘柄選びにおいて重要なのだと認識するとよいでしょう。当たり前だと思い見過ごしていた要因が、銘柄選びにヒントを与えるかもしれません。

これからiDeCo加入者が積み立ていく銘柄には、そんなストーリーから導きだされた結果であることを願っています。相談相手として、あなたのことを素直に理解してくれるのは誰でしょうか？金融機関や代理店の営業パーソン、アドバイスに注力したファイナンシャル・プランナーはたくさんいますが、その中でも、いままでと異なる世界を見せてくれるアドバイザーが、一番のあなたの相談相手です。

4章

運用方法は人によって違います。リスクを取りたくない人や収益の拡大が一番の目的の人など、それぞれに合った銘柄の選びを紹介します。

50代から始めたら何を選べばいい？

ゴールを見据えて銘柄を選ぶ

50代からiDeCoに加入すると、30代、40代からのスタートと比べて、受給までの期間が短くなります。年金法改正により、2022年4月からは59歳であっても加入期間を5年以上確保できるケースもでてきますが、30代、40代よりも**よりゴール（いつ受給開始するか）を見据えた銘柄選びをする必要があります。**

ほかにも、加入者や家族の働き方、健康状態を考慮する必要があります。たとえば、60歳以降は働くことが難しい場合、加入期間が比較的短くなることが想定されるため、価格変動の大きい商品を選んでしまうと、受給間近のタイミングで価格が乱高下してしまったとき、巻き返しが難しくなるのです。

本章では、**加入者を「堅実派」「利益追求派」「バランス重視派」の3タイプに分け、それぞれの銘柄の選び方を紹介します。**たとえば、堅実派であればリスクを分散できるバランス型の商品がおすすめです。利益追求派であれば、それなりにリスクを取る必要あるため、「純資産総額」に注目して運用の状態を見極めましょう。バランス重視は、着実に増やす投資とリスクを取る投資に分ける手法がおすすめです。

加入者のタイプとニーズ

☑ 堅実派の場合

- 非課税のメリットは受けたいがリスクは取りたくない

おすすめ銘柄

**リスクを分散できる
バランス型（株式＋債券）の銘柄**

☑ 利益追求派の場合

- 積み立て期間を長く確保できる
- 大きな利益を獲得するためなら多少のリスクは取ってもよい

商品の見極め方

「純資産総額」に注目して人気商品を見極める

☑ バランス重視派

- 投資初心者のため詳しいことがわからない
- いろいろな商品にバランスよく投資したい

おすすめの配分

**安定的な投資と挑戦的な投資を分ける
「コア・サテライト戦略」**

実践 | 02

堅実派のための 銘柄選び①

バランス型の代表的な銘柄を選ぶ

銘柄を選ぶ際は、まず自分の資産状況や投資の意向を明確にしましょう。無理のない掛金はいくらか、リスクを抑えるかリターンをより追求するかなど、自分のタイプを知るのです。

まずは、50代後半、拠出期間が5年から10年、積極的に投資信託で増やしたいわけではないというケースを想定してみましょう。方法の1つとして、拠出金額を減らし、手元資金を少し増やすこともできますが、ここでは節税効果などを最大限享受するため、拠出金額を減らさないケースで考えます。

このケースでは、「バランス型」の投資信託がおすすめです。世界中の株式と債券にバランスよく分散投資しているタイプがよいでしょう。債券も組み入れることで変動の大きい株式のリスクを軽減できます。代表的な銘柄として、**株式50％、債券50％という比率の「セゾン・バンガード・グローバルバランスファンド」**（86ページ参照）を例に、右図でシミュレーションを行いました。このようなファンドは、プロがリバランス（リスクの再調整）してくれるので、自分でメンテナンスをする必要は特にないというメリットがあります。

リスクを軽減するための銘柄選び

☑ 株式と債券に投資した銘柄の例

> 「セゾン・バンガード・グローバルバランスファンド」の特徴

- 世界中の株式と債券に投資している
- 株式と債券の割合が50%ずつ
- 世界中の債券が組み入れられているためリスクの分散になる

☑ 積み立てシミュレーション

株式と債券の割合が50%ずつのバランスで組み入れられた銘柄。下記の図は、この銘柄に10年間、毎月5万円投資した場合のシミュレーション

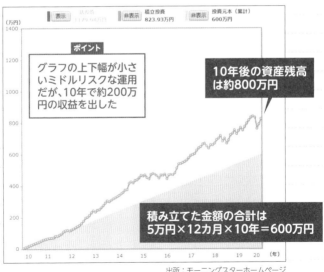

出所：モーニングスターホームページ

物価の上昇に注目した運用をする

　50代からiDeCoを始める場合、もっとも気になるのは、運用期間を十分に確保できずに損するのではないか、という不安だと思います。あと何年運用できるのか、そもそもあと何年働き、それによって加入期間がどう変わるのか、いろいろと考えなければならないことが増えてきます。

　さらに、59歳になると年金見込額がかなりリアルに把握できます。思ったよりも受給額が少なかった、という事態に備えるため、iDeCoにおける投資はなるべく運用を続けましょう。

　こうしたケースでも、やはり**有効なのはバランス型の投資信託**です。基準価額の上下が大きくブレない、安定運用の投資信託を活用しましょう。

　たとえば、「**楽天・インデックス・バランス（DC年金）**」であれば、**株式15％、債券85％の割合で、世界の株式と投資適格債券へ投資しています**。為替の影響を軽減するために、原則として為替ヘッジも行っています。これにより、ある程度インフレ（物価上昇）による老後資産の目減りをカバーしながら、安定運用をすることも可能になります。

　懸念点は、物価が上昇するペース（インフレ率）です。物価に対して運用商品の運用利回りが高くないと、受給できる金額が目減りしてしまいます。そこで参考になるのが、物価の変動を数値化した「消費者物価指数（CPI）」です。この指数よりも高い運用利回りがあれば、インフレによる目減りを避けられた、というイメージであり、ひとまず合格点です。

物価の変動を把握する

☑ 消費者物価指数（CPI）をチェックする

消費者物価指数（CPI）とは、消費者が購入する段階での商品・サービスの小売価格の動向を表す指数のこと。基準となる年の物価を100として、現在の物価を比較し、数値化する。中でも、コアコア指数と呼ばれる数値はエネルギーと食料を対象から除いた指数であり、実際に消費者がイメージしやすい物価がこれにあたる。

☑ 2020年5月分の消費者物価指数（2015年基準）

	年平均（前年比）		
	2017年	2018年	2019年
総合（すべての商品）	0.5%	1%	0.5%
コア指数（生鮮食品を除く）	0.5%	0.9%	0.6%
コアコア指数（生鮮食品及びエネルギーを除く）	0.1%	0.4%	0.6%

出所：総務省統計局

運用利回りがこの数値より高ければOK

☑ 運用利回りと消費者物価指数（CPI）を比較する

運用利回りは、利益÷取得価額÷運用年数×100で算出できる。
101ページでシミュレーションした運用結果を元に、運用利回りを計算すると……

利益　元本　運用年数

200万円 ÷ 600万円 ÷ 10年 × 100 = 約3%

運用利回りは約3%、現時点でのコアコア指数の前年比は0.6%。つまり、現時点では物価の上昇を上回る収益が達成できているイメージ

実践│03

堅実派のための銘柄選び②

配分変更はどのタイミングで行う？

　配分変更とは、未来に向けてこれから積み立てる商品への投資割合を変更する手続きです。購入済みの商品は変更されません。iDeCoはゆっくりと着実に老後の資産形成をはかる制度のため、頻繁に配分変更を行う必要はありませんが、運用方針が変わったタイミングでは必要になります。

　配分変更には大きく2種類のタイミングがあります。**1つ目は個人的な環境の変化によるタイミング**です。たとえば、年齢、働き方、職業、会社環境の変化や、結婚や出産による家族構成の変化です。さらに、資産形成の目的や、老後の過ごし方などの価値観・人生観が変わったときなども同様です。

　2つ目は経済環境が変化したタイミングです。世界や日本の景気が大きく変動したとき、あるいは税制やiDeCoなど、資産形成に関する重要な制度が変更されたときです。こうした大きなイベントは頻繁に起きないかもしれませんが、どちらにしてもiDeCoでの運用を「自分でデザインする人生」の一部ととらえ、自分や周囲の環境に変化があったときは、随時見直すことも視野にいれていきましょう。

掛金の割合を変更する

☑配分変更の2つのタイミング

個人的な変化	**経済や制度の変化**
年齢、働き方、職業、会社環境、家族構成が変化したタイミング	税制やiDeCoの制度が変更した、日本や世界の景気が一変したなどのタイミング

 たとえば

 たとえば

会社員から フリーランスになった	**投資先の国の 経済情勢が変わった**
安定した運用を望むようになったため、拠出額の上限が増えた分債券の割合を増やす	一過性の動きに惑わされず、長期的な動きを見込んで投資の割合を増減する

☑配分変更（積み立ての投資先や投資割合の変更）のイメージ

加入時の配分指定	分配変更後

割合を
減らしたい

加入時の配分指定:
- 商品A 20%
- 商品B 20%
- 商品C 60%

分配変更後:
- 商品A 20%
- 商品B 20%
- 商品C 25%
- 商品D 35%

毎月の掛金が1万円の場合

商品A	**2000円**
商品B	**2000円**
商品C	**6000円**

毎月の掛金が1万円の場合

商品A	**2000円**
商品B	**2000円**
商品C	**2500円**
商品D	**3500円**

出所：みずほ銀行ホームページ

4章

定期預金はおすすめできる？

　2020年8月現在、iDeCoのほぼすべての運営管理機関には、商品ラインアップの中に定期預金が入っています。64ページで説明したように、定期預金はiDecoで取り扱われる商品の中でもっともリスクとリターンが低い、いわば堅実な商品です。リスクを取らずにこつこつと運用したいと考えている人には向いているように見えますが、実際にメリットはあるのでしょうか。

　定期預金を組み入れるかは個人の価値観によりますが、通常の積み立て先として定期預金を選択すると、**iDeCoの大きなメリットの1つである「運用益非課税」という恩恵を最大限受けることができなくなります**。金利が低いため利益が増えず、そもそも非課税になって得をするだけの収益が出づらいということです。

　ただし、**iDeCoで運用しているほかの資産を売却する際は、定期預金があれば、その「受け皿」として機能します**。定期預金はマーケット環境の影響を受けにくいため、もしもリスク資産の価値が下がっていたとしても、同時に定期預金を売却し、リスク資産を購入することで、資産残高の減少をある程度カバーできます。金融機関の変更（移換）時にも、必ず一度現金化されるので、定期預金なら資産残高の変動リスクを軽減できます。

　どちらにしても、せっかくiDeCoという優遇制度を活用するのであれば、通常の積み立て時にあえて定期預金をメインの投資先にするメリットはなさそうです。将来的に定期預金の金利が大きくなることがあれば、検討の余地もでてくるでしょう。リスクヘッジのために一部組み込むのは一手ではあります。

定期預金のメリット

☑「受け皿」としての役割がある

売却したい	移換したい	受給したい
iDeCoで運用しているほかの資産（投資信託など）を売却して別の投資の元手にしたいが、基準価額が下がってしまった	移換時には一度資産が現金化されるため、移換のタイミングによっては損をしたり、機会損失が発生する	仕事を定年退職し、老後のための資金として一括で給付金を受給したいと考えている

定期預金が「受け皿」として機能する

投資信託と異なり、定期預金はマーケット環境に左右されづらい。定期預金があれば拠出したお金はほぼそのまま「確保」されているため、ほかの資産の値下がり分をカバーできる

定期預金のデメリット

☑リターンが少ない

「超低金利時代」といわれるほど金利が低いため、預金をしていてもリターンが増えない。iDecoにおけるメインの投資先として選んでも、収益が非課税になるメリットを最大限に受けられない。

☑手数料による元本割れの可能性がある

46ページでも説明した通り、スイッチング（113ページ参照）をすると、最終的には、手数料に見合ったリターンを得られない可能性がある。

実践 | 04

利益追求派のための銘柄選び①

指標を上回る成績を目指す

　利益追求を第一に考えている人は、指標通りの動きをするインデックス・ファンドよりも**プロに運用を任せるアクティブ・ファンド**を選ぶ傾向があります。

　アクティブ・ファンドは、運用の専門家（ファンドマネージャー）ごとの運用哲学や運用方針によって運用されるという特徴があります。指標と連動するような運用より、信頼できるプロに任せることで、より高いリターンを獲得することが狙いですが、すべてのアクティブ・ファンドがそれを実現できるわけではありません。専門家の実力に左右されるので、銘柄選びの際は過去の実績データを参考にしましょう。中には、コストが高い割にインデックス・ファンドと同じような運用商品（隠れインデックス・ファンド）もあります。探し方は114ページで説明します。

　また、**「純資産総額」にも注目**しましょう。一般的に多くの人が投資するとこの数値が増えますが、人気がない商品は数値が横ばい、あるいは徐々に減少します。また、急激な解約や買い付けにより純資産総額の増減が激しい商品は、プロが運用に集中しづらいため長期的な積み立てには向いていない商品だといえます。

銘柄選びには純資産総額に注目する

☑ 利益を追求するために商品を見極める

アクティブ・ファンドは指標への連動を目的としていないため、指標の運用実績を上回るリターンが期待できる。その一方で、指標よりも運用成績が下回らない商品選びをしなければいけない。

よい商品を見抜くポイントが必要

☑ 純資産総額が重要なポイント

純資産総額とは……その投資信託が保有する資産などの合計のこと。投資の規模がわかる。Webサイトなどですぐにチェックできる

│基準価額・純資産総額の推移

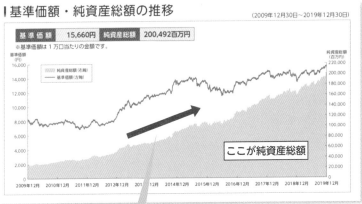

(2009年12月30日～2019年12月30日)

出所：セゾン投信ホームページ

多く投資されている、または運用成績がよい
＝優良商品の証

上手に利益を追求する運用方法

　インデックス・ファンドとアクティブ・ファンドのパフォーマンスをそれぞれ比較すると、日本株式については両者いい勝負、外国株式についてはインデックス・ファンドが優勢、という傾向があります。一般的なiDeCo加入者であれば、**インデックスファンドにはアクティブ（積極的）に投資をし、アクティブ・ファンドはパッシブに（消極的に）厳選**して投資すると、上手に利益を追求した運用をしやすいです。

「リスク」の定義

　64ページで先述したように、「ハイリスク・ハイリターン」という言葉は、資産運用の世界では語順を逆にして「ハイリターン・ハイリスク」と呼びます。リターンを得るにはリスクがつきもの、という意味です。**投資の世界でいうリスクとは「振れ幅（不確実性）」を表しています。**何に対して振れ幅があるかというと、将来見込める平均的な年間収益率、つまり「期待リターン」からの「振れ幅」があるということです。リスクが高いほど、想定されていた期待リターンから大きくブレる可能性も高くなる、ということです。

　運用商品ごとのリスクの大きさは64ページで紹介した通り、定期預金がもっともリスクが低く、その次に債券、株式という順番です。iDeCoの投資対象の配分割合を積極的にするには、株式などを多めに組み入れるとリターンを狙えますが、債券や定期預金なども組み入れてリスクに対して備えておきましょう。

意外と知らない「リスク」の意味

☑ 投資における「リスク」のイメージ

投資におけるリスクは期待リターンに対して「振れ幅があること」という意味。リターンを出すにはリスクが必ず必要。

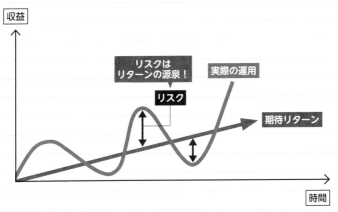

☑ 振れ幅はある程度イメージできる

期待リターン3%、リスク10%で運用する場合、年間平均で見ると、期待リターン±リスクの1〜3倍の範囲内で上下することが想定できるため、年間の上下の振れ幅の目安がつかみやすい。

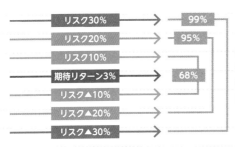

68%の確率で▲7%〜13%
95%の確率で▲17%〜23%
99%の確率で▲27%〜33%
の振れ幅が生じる

利益追求派のための銘柄選び②

運用成績が悪ければ別の商品に変更する

　利益追求のためにリスクが大きい商品を選んだら、その後の動向をチェックしましょう。iDeCoは長期投資のため毎日確認する必要はありませんが、期間が空きすぎても問題なので、**およそ3カ月〜1年ごとの確認が目安**となります。

　最初は運用成績が落ち込んでいても、受給前のタイミングで巻き返すことがあります。逆に、受給前にどんどんと価値が下がっていく商品もあります。このようなタイミングで、急激な運用成績の回復を期待するのは好ましくありません。

　そこで、**もう巻き返せないと思ったら、スイッチング（商品の預け替え）を行いましょう**。損失が膨らむ前に、できるだけその時点で最適な商品に変更するのです（預け替えた商品よっては、ドルコスト平均法の効果が十分発揮できないケースもあります）。

　スイッチングの注意点として、「信託財産留保額」という手数料が引かれることがあります。この額は金融機関によって異なるので、スイッチングの前は必ず確認しましょう。また、中にはスイッチングの回数に制限がある金融機関もあります。

利益を確保するためのスイッチング

☑ 長期的な資産運用のイメージ
長期的な投資の場合、ゆるやかに値動きが変動するため、受給前のタイミングで運用成績が落ち込み始めたら危険なサイン！ 受給直前まで過大なリスクを取りすぎないようにする。

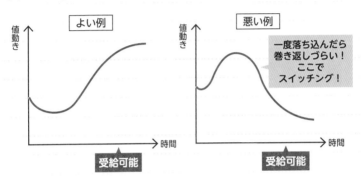

スイッチングの注意点

☑ 信託財産留保額が引かれる場合がある
金融機関や商品によっては、信託財産留保額という手数料が引かれる。スイッチングを行いすぎると手数料ばかり取られて損をすることになるため、手数料が利益を超えない範囲に留める。

☑ 回数が制限されている場合がある
金融機関や商品によっては、スイッチングは年に何回まで、と決められている場合がある。そもそも頻繁に行う作業ではないため、タイミングや預け替える商品は慎重に選ぶべき。

113

アクティブシェアが低い銘柄はNG

　事前に優良なアクティブ・ファンドを見抜くことはなかなか難しいですが、それでも目論見書や運用報告書などを見ると参考となるべき判断基準があります。

　まずは基本的な項目ですが、運用成績です。そのファンド運用が過去にうまくいっていた場合は、その後もうまくいく可能性が比較的高いという特徴があります。

　また、アクティブ・ファンドは手数料の高さがネックになります。小さな差でも、長年積み重なると大きなコストになるため、初めはなるべく運営管理報酬（信託報酬など）が安いものを選びましょう。

　手数料が割高なアクティブ・ファンドの中でも、インデックスと同じような値動きの銘柄があります。どうせインデックス・ファンドと同じ値動きをするのであれば、手数料が安いほうを選ぶべきです。運用報告書に掲載されている「組み入れられている上位10銘柄」が主要インデックスと似ているかを確認することで、このような「隠れインデックス・ファンド」を見分けることができます。

　加入者自身が組み入れ銘柄を調べなくても、**「アクティブシェア」という指標が公表されている場合もあります。**これはインデックス・ファンドと比べてどれくらい似通っていないかという指数で、数値が高いほどその銘柄独自の運用がされている、ということです。せっかく加入者自身で銘柄を選ぶのであれば、アクティブシェアの高さに注目しましょう。

選ぶべき銘柄の見分け方

☑ 組み入れ銘柄の上位10位を見る

手数料が割高なアクティブ・ファンドの中でも、主要インデックスと同じような値動きをする「隠れインデックス・ファンド」がある。組み入れ銘柄の上位10位を見て主要インデックスと似た割合であれば、高い手数料を払って購入する必要性は低い。

目論見書に組み入れ銘柄が記載！

◆ 資産別構成

資産の種類	国/地域	比率(%)
株式	日本	68.19
	海外	11.51
投資証券	海外	1.04
現金・預金・その他資産（負債控除後）		19.25
合計（純資産総額）		100.00

◆ 業種別比率の上位

業種	比率(%)
情報・通信業	13.53
サービス業	9.27
建設業	7.07
電気機器	6.84
小売業	5.28
化学	4.82
卸売業	4.27
機械	3.61
精密機器	3.25
食料品	1.85

◆ 組入上位銘柄

	銘柄コード	銘柄名	業種	比率(%)
1	DPZ	DOMINO'S PIZZA,INC.	その他海外株	2.19
2	1414	ショーボンドホールディングス	建設業	2.05
3	1951	協和エクシオ	建設業	1.66
4	9433	KDDI	情報・通信業	1.59
5	9432	日本電信電話	情報・通信業	1.50
6	8439	東京センチュリー	その他金融業	1.47
7	6436	アマノ	機械	1.38
8	4543	テルモ	精密機器	1.29
9	6869	シスメックス	電気機器	1.23
10	1959	九電工	建設業	1.22

※比率は、それぞれ、ファンドの純資産総額に対する割合です。
※海外株式、海外投資証券はその他海外株として表示しています。
※「業種別比率」とは、日国内外における上位業種を表示しています。

出所：ひふみ投信ホームページ

☑ アクティブシェアを見る

アクティブシェアとは、その銘柄が主要インデックスとどれだけ異なる値動きをするかを表す数値。この数値が高いほどその銘柄独自の値動きをする。一部の運用会社では、商品ごとにアクティブシェアをホームページ上、または運用レポートで発表している。

運用レポートにアクティブシェアが記載！

時価総額別比率		アクティブシェア
大型株（3,000億円以上）	35.34%	87.98%
中小型株（300億円以上、3,000億円未満）	43.68%	
超小型株（300億円未満）	7.06%	
現金等	13.92%	
合計	100.00%	

値動きの大きさの推移（250営業日リスク推移）

TOPIX
ひふみ投信

出所：ひふみ投信ホームページ

☑ セミナーや説明会に参加する

アクティブ・ファンドの中には、ファンドマネージャーが積極的にセミナーや運用報告会などを開催しているものがある。
せっかくの「運用者の顔が見える」機会のため、積極的に参加して話を聞き、質問をしてみるのも一手である。

ネットで申し込み可能！

バランス重視派のための銘柄選び①

バランス型は初心者が手を出しやすい

　リターンとリスクのバランスを重視したい人には、バランス型がおすすめです。iDeCoにおけるバランス型は、株式や債券などが、その商品の投資方針に沿った割合で、バランスよく配分されている投資信託です。**指定運用方法（デフォルト商品）に設定されているケースもあり、実際に運用している加入者数も多くいます。**

　iDeCoのように毎月の掛金上限が固定され、マーケット状況に応じて機動的に追加資金を投入できない制度設計の場合、バランス型は積み立て投資家にとっては、活用しやすい商品です。

　バランス型のもっとも注目すべき特徴として **「リバランス」を自動的にしてくれる**という点が挙げられます。その商品の投資方針に応じて、資産配分が固定されているもの（固定配分型）や、可変的なもの（ターゲットイヤー型・リスク軽減型など）がありますが、自分でリバランスする必要がなく、手間が省けるというメリットがあります。年齢や働き方、家庭環境に応じて自分の投資方針に関係なく、バランス型をiDeCoの資産形成のコアな部分として採用している人も増加しています。

バランス型を活かせる例

分散投資を希望している
節税メリットだけ享受したいので、より分散された商品がよい

選び方がわからない
何を選んでよいかわからないので、なるべくリスクを抑えたい

面倒な作業はしたくない
自分でリバランスするのがめんどくさいので、プロに任せたい

リスクを抑えたい
老後資金を着実に貯めたいので、あまり上下に変動しない商品がよい

バランス型の注意点

☑ バランス型全体の注意点
● 商品によって期待リターンが異なるため、配分割合は要確認。
● 株式相場が好調になっても、各資産に分散投資されているためリターンが大きくならない場合もある。

☑ 組み入れ方別の注意点
● バランス型を複数組み合わせすぎると、管理が大変になり、結局どの投資対象に投資したかわからなくなるという「分散貧乏」になりがち。
● 資産均等型は、その配分割合が自分にあっていないケースが多くなるため、結局追加で別商品を組み入れる必要がある。
● ターゲットイヤー型（年齢とともに安定運用に切り替えていくタイプ）はコストが高めであり、年齢に応じたリスクの軽減は商品を一部売却するなど、自分でしたほうがよいケースもある。

期待リターンの目安

　運営管理機関が取り扱っているバランス型はさまざまですが、各バランス型ごとの資産配分による期待リターンには、ある程度目安があります。

　債券中心の「安定型」なら１％、債券と株式などが半々くらいなら３％、株式中心なら５％といったイメージです。

　これはあくまで控えめなイメージです。私たちの年金資産の１割を積み立て運用しているGPIF（年金積立金管理運用独立行政法人）の第４期中期目標期間（2020年４月１日からの５カ年）によれば、賃金などの上昇率を加味していない名目リターンには、各資産の目安となる名目リターンが設定されています。これを参考にすれば、国内債券0.7％、外国債券2.6％、国内株式5.6％、外国株式7.2％という数値になります。さきほどの目安と比較すると、外国株式は、前述した株式の期待リターン５％よりも大きい7.2％という数値が推計されています。

　ただし、102ページにも書いたように、**私たちの実生活にはインフレ率（物価上昇率）が関わってきます。**たくさん収益があっても、物価が高くなれば実質的に使えるお金は減ってしまいます。物価がいまよりも上昇することを想定すると、その分実質的なリターンが減少してしまうことには注意が必要です。

　そこで、あくまでもおおまかなイメージですが、少し低めに見積もり、年平均で債券中心であれば１％、債券と株式が半分ずつくらいなら３％、株式中心であれば５％を目安にした運用をイメージすればよいでしょう。

バランス型の運用シミュレーション

☑ **各タイプの利回りの目安**

債券中心	利回りの目安	1%
債券と株式で半分ずつ	利回りの目安	3%
株式中心	利回りの目安	5%

株式の割合が増えるごとに期待できるリターンも増える

▶ **組み入れる資産の配分によって、利回りはある程度予測できる**

☑ **掛金、利回り別で見る10年間の積み立て額のシミュレーション**

掛金額	掛金累計	利回り1%	利回り3%	利回り5%
5000円	60万円	63万円	70万円	77万円
1万円	120万円	126万円	140万円	155万円
1万5000円	180万円	189万円	210万円	232万円
2万円	240万円	252万円	280万円	310万円
2万5000円	300万円	316万円	349万円	387万円
3万円	360万円	379万円	419万円	465万円
4万円	480万円	505万円	559万円	620万円
5万円	600万円	631万円	699万円	775万円
6万円	720万円	757万円	839万円	930万円
6万8000円	840万円	858万円	951万円	1054万円

▶ **シミュレーションを目安に掛金や資産の割合を決める**

実践 | 07

バランス重視派のための銘柄選び②

インデックス型とアクティブ型のバランス

　アクティブ・ファンドはコストが高く、選びづらいかもしれません が、ある程度拠出を続け、節税の恩恵を受けたあとでアクティブ・ファンドに投資してみるのも1つの手です。

　iDeCoの口座にログインすると、積み立ててきた累計額が簡単にわかります。年末調整などに使用される「支払証明書」からも、掛金の累計額がわかります。

　一方、節税（所得控除）分の金額は、iDeCo口座内では把握できません。また、還付分を再投資できるシステムはありませんが、節税できた金額分を、つみたてNISAなどほかの制度や口座で、より換金しやすい運用が可能なため、その分はリスクが取りやすくなります。

　配分は、**コア・サテライト戦略**の活用がおすすめです。インデックス・ファンドを運用の核（コア）とし、不足した部分やより強化したい部分を肉づけするために、アクティブ・ファンドや主要インデックスを目標としない銘柄、今後の発展が見込める市場に投資している銘柄などを活用すると、安定的にリターンを増やしやすいです。

アクティブ・ファンドへの投資の戦略

☑ アクティブ・ファンドに投資するタイミングの一例

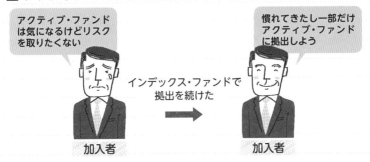

アクティブ・ファンドは気になるけどリスクを取りたくない

加入者

インデックス・ファンドで拠出を続けた

慣れてきたし一部だけアクティブ・ファンドに拠出しよう

加入者

☑ コア・サテライト戦略の一例

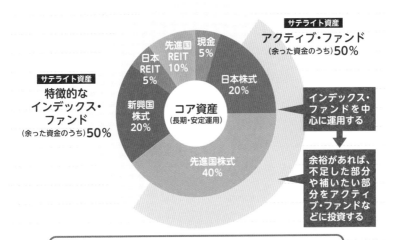

サテライト資産
アクティブ・ファンド
（余った資金のうち）50%

現金 5%

先進国 REIT 10%

日本 REIT 5%

日本株式 20%

サテライト資産
特徴的なインデックス・ファンド
（余った資金のうち）50%

新興国株式 20%

コア資産
（長期・安定運用）

先進国株式 40%

インデックス・ファンドを中心に運用する

余裕があれば、不足した部分や補いたい部分をアクティブ・ファンドなどに投資する

コア・サテライト戦略とは、保有する資産をコア（核）部分とサテライト（衛星）部分に分けて運用すること
コア部分は長期・安定運用に徹し、サテライト部分はより短期的な運用でより高いリターンを求める

アクティブ・ファンドの比べ方

　iDeCoでコア・サテライト戦略を実行する場合は、**サテライト部分はあくまでも「おまけ」**だと考えてください。毎月の掛金のうち、たとえば5万円がコア部分で、1万8000円がサテライト部分というように、ベースとなる部分以外を自由に運用してみましょう。コア部分では行いづらいような挑戦的な運用ができるため、よい投資の勉強になります。

　この戦略をとる場合、サテライト部分はいずれ売却して、定期預金として運用を継続するというパターンが多いです。「おまけ」も最終的にはコア部分に統合することで、リスクを抑えるのです。サテライト部分の投資によさそうな気になる商品があれば、まずは少額でもよいので、積み立ててから考えてもよいです。

　では、どのアクティブ・ファンドに投資するのがよいか、どのように比べると選びやすくなるのでしょうか。アクティブ・ファンドや特徴的なインデックス・ファンドは投資対象が異なるなど、条件が違う場合があります。別条件のものをそのまま比較してもまったく意味がないので、**投資対象が同じもの同士や近いもの同士を比べましょう。**

　たとえば、全世界の株式から投資対象の銘柄を選んでいるファンド同士とか、先進国あるいはアメリカ株式のインデックス・ファンドと、グローバル企業に投資しているアクティブ・ファンドとを比べるなどです。

　また、銘柄選びの際は年率リターンとシャープレシオにも注目しましょう。どちらも、優秀な銘柄ほど数値が高いです。

サテライト部分は「おまけ」

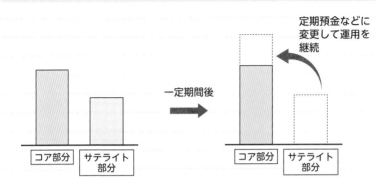

定期預金などに
変更して運用を
継続

一定期間後

| コア部分 | サテライト部分 |

| コア部分 | サテライト部分 |

サテライト部分はあくまでも短期的な投資。大きな収益が上がった、リスクが過大になったなど任意のタイミングで、定期預金などの安全資産やコア部分の買い増しなど、スイッチングをしておく。

年率リターンとシャープレシオ

年率リターン……一定期間の運用における、その投資信託の収益率を年率に換算した値。年率換算は複利で計算される。数値が高いほうがよい

シャープレシオ……取ったリスクに対して、どれくらい効率的にリターンを出せたかを表す値。数値が大きいほうがよい

☑ 年率リターンとシャープレシオに注目した比較の例

銘柄	年率リターン	シャープレシオ
世界株式ファンドA	5	1
世界株式ファンドB	2	0.3

年率リターンもシャープレシオも大きい！
この銘柄が圧倒的に得！

4
章

実践 | 08

家族構成・働き方別 銘柄の選び方

独身、共働き、会社員、専業主婦の選び方

　50代のiDeCo加入者が意識しておきたいのは「換金性（流動性）」と「リスクの取り方（投資するお金と投資しないお金のバランス）」です。手元にすぐに使えるお金が少ない人はiDeCoでの掛金額を少なめにし、iDeCo以外を含めた資産全体として、より安定的運用に近づけておいたほうが無難です。手元の資金が十分にある人は、積極的な運用で問題ないでしょう。

　50代独身者であれば、自身の経済状況を考慮し、安定運用を基本としながら、ねんきん定期便で受給できる年金額をおおよそ把握して、**年金の不足分をiDeCoなどで補う**イメージです。

　会社員であれば、**つみたてNISAなどの制度を併用**したり、自営業であれば、**国民年金基金などの制度の利用**を検討するのもよいでしょう。

　配偶者がパート勤務、といった共働きであれば配偶者側の運用がポイントになります。配偶者のiDeCoの掛金額分、所得控除が効くので、扶養控除枠も拡大することが可能です。専業主婦（夫）の場合であれば、**働いている夫（妻）からの贈与資金で、iDeCoを継続していく**イメージになります。

ライフスタイル別のおすすめ銘柄

家族構成・働き方	タイプ	おすすめ銘柄
独身会社員 やや安定運用が基本	堅実派	楽天・インデックス・バランス（DC年金）
	バランス重視派	セゾン・バンガード・グローバルバランスファンド
	利益追求派	楽天・全世界株式インデックス・ファンド
独身自営業 安定運用が基本	堅実派	たわらノーロード先進国債券＜為替ヘッジあり＞
	バランス重視派	楽天・インデックス・バランス（DC年金）
	利益追求派	セゾン・バンガード・グローバルバランスファンド
共働き 積極運用が基本	堅実派	楽天・全世界株式インデックス・ファンド
	バランス重視派	個別のインデックス・ファンド
	利益追求派	個別のアクティブ・ファンド
会社員と専業主婦 やや積極運用が基本	堅実派	セゾン・バンガード・グローバルバランスファンド
	バランス重視派	楽天・全世界株式インデックス・ファンド
	利益追求派	個別のインデックス・ファンド

4
章

運用期間が長いほど得になるのはなぜ？

資 産形成を助けてくれるのが「金利」です。金利を受け取らずに元本に加えて再投資することを「複利運用」といいます。

この「複利」効果は、運用期間をなるべく長くすると、より効果が高まります。1年で1000万円貯めるより、10年、20年とより長い期間があったほうが貯めやすくなりますよね。

もし、いますでに50代で「あのときに積み立てしておけばよかった」と思う経験があるのなら、ぜひ若い世代に、このことを伝え続けてください。

また、50代の加入者であれば加入期間を長く確保できない（退職所得控除枠に限界がある）反面、所得が多くなりやすい分、節税効果（所得控除）を高めやすくなっています。

20代が高収入でない場合は、節税分を加味しても、より多くの貯蓄は望めないかもしれませんが、拠出可能期間がより長く取れることにより、リスクも取りやすいため、老後資金を貯めやすくなります。

■1000万円を貯めるのに必要な毎月の拠出額

運用年数	利回り0%	利回り1%	利回り3%	利回り5%
5年	17万円	16万円	16万円	15万円
10年	8万4000円	8万円	7万2000円	6万5000円
15年	5万6000円	5万2000円	4万5000円	3万8000円
20年	4万2000円	3万8000円	3万1000円	2万5000円

5章

実践 iDeCoの困ったときのQ&A

退職や転職で手続きが必要？　金融機関が倒産したらどうなるの？　つみたてNISAとは何が違う？　など、iDeCoに関する質問に答えます。

実践│01

iDeCoの申し込みはどうやって行う?

A. 資料請求をして申込用紙をもらう

　iDeCoの加入申し込みは、窓口となる金融機関を通じて行います。加入の流れは、資料請求、必要書類の郵送、加入通知書や開設口座の口座番号・パスワードの受け取りです。取り引きしたい金融機関のコールセンター、またはWebサイトから**資料請求を申し込むと、資料と申込用紙がセットで郵送されます**。オンライン化によって、今後も手続きの簡素化が進むと考えられます。

　加入に必要なものは、基礎年金番号（年金手帳に記載）、掛金引き落とし用の口座情報（国民年金基金連合会と口座振替契約を締結している金融機関）、金融機関の届出印（一部ネット証券などは不要）です。また、**働き方や職業によって別途書類が必要**です。たとえば、会社員や公務員の人は「事業主の証明書^{※1}」が追加で必要になります。

　資料請求から加入までは約2カ月かかり、すぐには加入できません。たとえば月の上旬までに申請書類が受けつけられた場合、翌月26日に掛金が引き落とされ、翌々月15日前後に年金システムに残高が反映されます。この時点で加入と見なされます。

※1：会社員はiDeCo加入時に勤め先の記入が必要だったが、2022年秋を目途に提出不要となる方針になった。

申し込みに必要なもの

- 基礎年金番号
- 掛金引き落し用の口座情報
- 金融機関の届出印（一部ネット証券などは不要）

職業によって異なる必要書類

	会社員	公務員 （共済組合員）	自営業者専業主婦 （主夫）
共通	個人型年金加入申込書 預金口座振替依頼書　兼　自動払込利用申込書		
働き方によって 異なる必要書類	第2号加入者に 係る事業主の証 明書※2	事業所登録申請 書兼第2号加入 者に係る事業主 の証明書（共済 組合員用）	なし

※2：2020年秋を目途に、会社員は事業主の証明書の提出が不要となる方針になった

☑申し込み方の例（SBI証券の場合）

ここをクリック

画面の案内に沿って
必要事項を記入する

実践│02

iDeCoの金融機関を変更するには?

A. 変更先の金融機関に申し込む

　iDeCoは個人型確定拠出「年金」という言葉の響きから、一度加入した運営管理機関（金融機関）を変更できない、少なくとも一年以内は変更できないと思っている人は多いですが、変更可能です。**金融機関を変更することを「移換」**といいます。

　移換の手順は、**新しく加入したい運営管理機関に申し込みの書類を請求する**ことからはじまります。あとは加入時と同様に、申請書を送り、審査が通れば1〜2カ月後に移換が完了します。

　移換にはいくつか注意点がありますが、中でも注意すべきはコストです。まず**移換手数料が4400円（税込）**かかります。ただし、移換手数料が0円の運営管理機関も増えつつあるので、現在加入中の金融機関はいくらかかるのか確認しましょう。さらに、iDeCoを実施している**国民年金基金連合会（国基連）への事務費用として2829円（税込）**がかかります。この費用は移換資産から徴収されます。ほかにも、移換には右図で紹介するような注意点があります。移換をするか迷う場合、これらを上回るメリットがあるのかを十分検討しましょう。

iDeCo移換の際の注意点

☑ 運用商品は移換時にいったん現金化される

移換の際は、移換元の運用商品を売却して現金化し、新たに移換先の運用商品を購入する。

☑ 移換の際にタイムラグが発生する

☑ 累計の運用利回りがリセットされる

積み立て額に応じて設定されていた運用利回りがリセットされ、持ち運びした年金資産全体の運用利回りデータが更新され、連続性がなくなる。

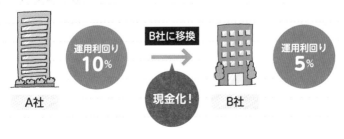

実践 | 03

退職・転職したら何か手続きが必要になる？

A. 拠出を続けるための手続きが必要

　iDeCoをはじめとする確定拠出年金では、退職や転職によって勤め先から離れる場合でも、継続して拠出を続けられるという特徴があります。これを、「年金の持ち運び（ポータビリティ）」といいます。ただし、転職する場合、転職先の企業年金規約によってはiDeCoを継続できない場合もあります。

　退職や転職に伴って年金を持ち運ぶためには、必ず手続きが必要です。**一定期間を経ても手続きをしないと、自動的に掛金拠出が停止されたり、管理手数料は引き落とされたり、場合によっては受給可能年齢が遅れたりする**というケースもあります。

　退職後に無職となる場合、被保険者種別は1号になります。「加入者被保険者種別変更届」を金融機関に提出することで手続きが完了します。転職の場合、これに加えて事業所変更による「加入者登録事業所変更届」と「事業主証明書」が必要です。

　退職後は、iDeCoを継続する以外にも移換する、指図者になる、放置する、脱退するといった選択肢もあります。働き方が変わる前にどれを選ぶか検討しましょう。

退職・転職後も拠出・運用を続ける方法

☑ 退職後、無職になる場合

被保険者種別が第2号から第1号に変わるため、「加入者被保険者種別変更届」を提出する必要がある。

必要な書類

加入者被保険者種別変更届……**国民年金基金連合会（国基連）や運営管理機関（運管、窓口となる金融機関）から入手できる。運営管理機関に提出することで手続きが可能**

☑ 厚生年金適用の会社に転職する場合

必要書類を2枚入手し、金融機関に提出する。自営業や主婦（主夫）から会社員として就職する場合は、被保険者種別が第2号に変わるため、「加入者被保険者種別変更届」も必要。

必要な書類

・**加入者登録事業所変更届**
・**事業所登録申請書兼第2号加入者に係る事業主の証明書**
・**加入者被保険者種別変更届（自営業、主婦が就職した場合のみ必要）**
国基連や運営管理機関から入手できる。運営管理機関に提出することで手続きが可能

退職後に拠出をやめる方法

☑ 退職後、無職になる場合

掛金の拠出をやめ、運用指図のみを行う人を運用指図者という。定年退職後も70歳までは資産運用を継続できるため、運用指図者として引き続き資産運用を継続することができる。

必要な書類

加入者資格喪失届……**国基連や運営管理機関から入手できる。金融機関に提出することで手続きが可能**

金融機関が破綻したら お金は返ってくるの？

A. 加入者のお金は保護されている

　iDeCoは長期的な運用であるため、金融機関の倒産について心配になるかもしれません。ですが、**万が一金融機関が破綻しても、加入者のお金は別管理で保護されています。**

　iDeCoに関連する金融機関は、それぞれ窓口・金庫・商品提供の３種類あります。「窓口」となる機関ではそもそも加入者の年金資産（個人別管理資産）を預かっていないため、倒産しても加入者に損害はありません。

　「金庫」の役割を担うのは「信託銀行」です。ここでは加入者の年金資産を保管・管理していますが、**会社の資産と加入者の年金資産を別々に管理するよう法律で決められています。**

　「商品提供」機関は、定期預金や投信などの商品提供と商品情報を提供します。投資信託などについては信託銀行が管理しています。**定期預金については、ペイオフ制度という、iDeCo以外の定期預金も含めた１金融機関あたりにつき1000万円とその利息が保護される制度**があるため、この機関が破綻しても加入者の年金資産は保護されています。

3つの金融機関と破綻時の対応

☑窓口としての金融機関が破綻した場合

iDeCo加入者が直接関わる金融機関。
加入者の年金資産に関与しないため、破綻しても加入者に損害はない。

加入申し込みなど

加入者　　　　　　　　窓口（金融機関）

> ここではお金を預かっていないから、加入者のお金に影響はない

☑金庫としての金融機関（信託銀行）が破綻した場合

加入者が拠出したお金を保管している金融機関。会社の資産と加入者の年金資産を分けて保管しているため、ここが破綻しても加入者が拠出したお金は返還可能。受け皿となる、後継の金融機関に引き継がれる。

拠出

加入者　　　　　　　金庫（金融機関）

> 拠出したお金は保護されているため、加入者に戻ってくる

☑商品提供者としての金融機関が破綻した場合

iDeCoの運用商品を提供している金融機関。定期預金にはペイオフ制度（商品1本につき1000万円とその利息が保護される制度）がある。

運用指図

加入者　　　商品提供者としての金融機関

投資信託
信託銀行などで管理・保護されている

定期預金
ペイオフ制度で保護されている

積み立て中に
お金が必要になったら？

A. 掛金を減らすか、拠出を止める

　iDeCoは60歳までは給付されない、いわゆるカギのかかった老後資金専用口座のため、60歳までは原則途中引き出しができません。そのため、無理のない資金計画が必要になります。

　とはいえ、急に支出が増える場合もありえます。毎月続けていた拠出が厳しくなった場合は、**掛金額を減らす「掛金変更」を**行ったり、**掛金を拠出しない「運用指図者」として運用を継続することが可能**です。掛金額の変更は、年1回（12月分から翌年11月分の掛金に対し、1月〜12月に引き落とし）まで可能です。

　掛金額の変更は「加入者掛金額変更届」を入手し、提出することで手続きできます。掛金を毎月拠出しているのであれば「掛金の年単位化」に変更することも可能です。「運用指図者」になるには、「加入者資格喪失届」が必要です。ただし、拠出をしなくても、信託銀行に払う事務手数料66円は毎月かかります。

　途中でiDeCoを脱退することも可能ですが、一定の要件を満たす必要があります。特別な事情がない限りは、途中でやめることを前提に加入しないほうがよいでしょう。

途中で資金が必要になったときの対処法

加入者　　必要書類を入手し提出　　再度加入者にも戻れる！　　金融機関

掛金額変更……掛金額を減らす。必要書類は「加入者掛金額変更届」
年単位拠出……年単位での拠出にし、手数料を節約する。必要書類は「加入者別掛金額登録・変更届」
運用指図者になる……途中で掛金をストップし、資産運用だけを続ける。必要書類は「加入者資格喪失届」

iDeCoからの脱退が認められる場合[※1]

- 保険料免除者である（障害基礎年金裁定通知を受けた方および、国民年金法第89条第1項第3号の施設に入所している人は除く）
- 確定拠出年金の障害給付金の受給者ではない
- 企業型確定拠出年金または、iDeCoの加入者資格を最後に喪失した日から2年以内である
- 企業型確定拠出年金の加入者資格喪失時に、脱退一時金を受給していない
- 通算の掛金拠出期間が5年以下[※2]または、資産額が25万円以下であること

※1　企業型確定拠出年金または、iDeCoの加入者資格を最後に喪失した日が2016年12月31日以前の場合は、脱退一時金の受給に経過措置が認められる
※2　掛金を拠出しなかった期間は除く

出所：厚生労働省資料

積み立ての途中で死亡したら

　iDeCoの加入者や運用指図者が亡くなった場合、**積み立てたお金や収益は現金化され、遺族が「死亡一時金」として受け取れます**。死亡一時金を受け取るには、加入者が亡くなってから5年以内に、遺族の申し出による給付申請の手続き（裁定請求）が必要です。すでに年金として分割で受け取りをしている場合でも、残額を死亡一時金として受け取れます。ただし、死亡一時金はみなし相続財産として相続税の課税対象となります。

　裁定請求は、加入先の金融機関で行えます。iDeCoに加入していた家族が亡くなった場合は、金融機関から郵送された書類や銀行口座の通帳などを手がかりに、どこの金融機関を窓口にしていたのかを把握しましょう。生前に加入者、運用指図者が死亡一時金の受け取り人を指定することも可能ですが、基本的には受け取り順位が定められています（右図参照）。

　また、iDeCoの加入者や運用指図者が、**70歳になるまでに一定の障害状態になった場合「障害給付金」は一時金もしくは年金（分割）として受け取ることができます**。障害給付金は非課税扱いとなり、確定申告は不要※です。受け取りには、本人の申出による裁定請求が必要です。

　どちらにしても、突発的に不測の事態が発生してしまうと、家族や遺族が大変な思いをすることも考えられます。いざというときのために、書類を保管しておくことはもちろん、あらかじめ運営管理機関などの連絡先や口座番号、パスワードなどはシェアしておくとよいでしょう。

※医療費控除を受ける場合は確定申告をする必要がある

死亡一時金を受け取れる遺族の順位

第1順位	配偶者
第2順位	生計を維持されていた子
第3順位	生計を維持されていた養父母
第4順位	生計を維持されていた実父母
第5順位	生計を維持されていた孫
第10順位	生計を維持されていた兄弟姉妹
第11順位	その他生計を維持されていた親族
第12順位	子
第13順位	養父母
第14順位	実父母
第15順位	孫
第20順位	兄弟姉妹

亡くなった人に、生計を維持されていたかがポイント!

障害状態として挙げられる例

障害基礎年金の受給者(1級および2級に限る)

身体障碍者手帳(1級〜3級に限る)の交付を受けた者

療育手帳(重度に限る)の交付を受けた者

精神障碍者保健福祉手帳(1級および2級に限る)の交付を受けた者

そのほか、障害状態の併合により、国民年金法などに規定する
障害等級に該当する程度の障害状態に至った者

実践 | 06

あとから運用方法を変更できる？

A. 商品切り替え、配分変更が可能

　4章で紹介したように、運用商品の切り替えによる運用方法の変更は2種類あります。

　1つ目は「スイッチング（運用商品の預け替え）」です。**スイッチングはこれまで貯めてきた個人別管理資産のうち、ある商品を売って別の商品を買う方法です。**スイッチングのタイミングを探る方法は、定期的に運用成績を確認する「定期チェック」と、経済的に大きなイベントが発生したときに運用成績を確認する「イベントチェック」の2種類があります。給付金の受け取りが60歳以降だからといって全く運用成績を確認しないのは問題です。3カ月～1年に1回などの頻度を目安にチェックするのが定期チェックです。イベントチェックをしておくと、現金化するまでの長い積み立て期間内に、日本規模、世界規模の暴落などが起きても、その被害を抑えることが可能です。もしもイベントチェックを行わずに、現金化する直前になってチェックしてしまうと、大きなマイナスがあったときに焦ってしまいます。

運用の変更方法

スイッチング（運用商品の預け替え）

これまで貯めてきた個人別管理資産（年金資産）のうち、ある商品を売って別の商品を買う方法。

↓ スイッチングのタイミングを計る2つの方法 ↓

定期的に口座にログインする「定期チェック」

経済的に大きなイベントが発生したときにログインする「イベントチェック」

配分変更

これから積み立てていく商品への投資割合を変更すること（142ページ参照）。

おすすめのシミュレーション

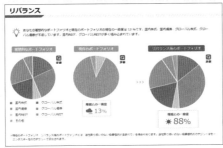

SMBC日興証券ホームページ
fund eye（ファンド・アイ）

理想の投資の割合と現在の投資の割合を比較することで、どの商品をどれくらい買えば理想的なリバランスを行えるか知れる。

配分変更のタイミング

2つ目の方法が「配分変更」です。**配分変更は、これから積み立てていく商品への投資割合を変更する手続きです。**購入済みの商品は変更されません。配分変更にも大きく2種類のタイミングがあります。個人的な環境の変化によるタイミングと、経済環境が変化したタイミングです。

スイッチングは過去の残高の変更、配分変更はこれからの積み立ての変更、と覚えてるとわかりやすいかもしれません。

給付金の受け取り方法は、運営管理機関によりますが、2〜3種類あります。「年金」のように分割して受け取る、「一時金」として一括で受け取る、両方を併用して受け取る、という方法があり、併用パターンを扱ってない運管もあります。

もっとも税制優遇枠が大きい方法は「一時金」として受け取り、退職所得扱いとする方法です。通常、退職金の受け取りには税金がかかりますが、iDeCoの一時金の場合は税金を安く抑えられます。また、退職所得控除の金額は加入年数が長いほど大きくなります。加入年数20年超えであれば、20年以下に比べ、1年あたりの控除額が40万増えます。ただし、会社からの退職金も受け取る場合は税制優遇を活かせいないパターンもあるので、不安であればＦＰ（ファイナンシャルプランナー）などの専門家に相談してみましょう。

分割して「年金」として受け取る場合は、公的年金等控除の優遇があり、65歳を境に控除枠が変わります。60歳以降の働き方や生活スタイルに応じた受け取り方を考えてましょう。

一括して「一時金」で受け取る場合

☑ 退職所得の非課税枠（退職所得控除）

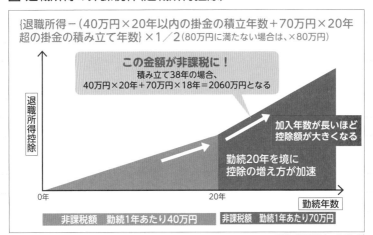

{退職所得－（40万円×20年以内の掛金の積立年数＋70万円×20年超の掛金の積み立て年数}×１／２（80万円に満たない場合は、×80万円）

この金額が非課税に！
積み立て38年の場合、
40万円×20年＋70万円×18年＝2060万円となる

加入年数が長いほど控除額が大きくなる

勤続20年を境に控除の増え方が加速

退職所得控除

0年　　　　　　　20年

勤続年数

| 非課税額　勤続1年あたり40万円 | 非課税額　勤続1年あたり70万円 |

出所：SBI証券ホームページ

分割して「年金」として受け取る場合

公的年金等控除の優遇があり、65歳を境に控除額が変わる！

年金受取者の年齢	公的年金等の収入の合計額	割合	控除額
65歳未満	公的年金等の収入金額の合計額60万円までの場合、所得金額はゼロとなる		
	60万円超～130万円未満	100%	60万円
	130万円以上～410万円未満	75%	27万5000円
	410万円以上～770万円未満	85%	68万5000円
	770万円以上～1000万円未満	95%	145万5000円

年金受取者の年齢	公的年金等の収入の合計額	割合	控除額
65歳以上	公的年金などの合計額が110万円までの場合、所得金額はゼロとなる		
	110万円超～330万円未満	100%	110万円
	330万円以上～410万円未満	75%	27万5000円
	410万円以上～770万円未満	85%	68万5000円
	770万円以上～1000万円未満	95%	145万5000円

実践 | 07

NISA、つみたてNISA との違いって何?

A. 非課税額やスイッチングが異なる

20ページで紹介したように、iDeCoには3つの税制優遇があります。実は、そのうちの「運用益非課税」を受けられる制度がほかにもあるのです。それが「少額投資非課税制度」、つまり「NISA」と「つみたてNISA」です。

NISA、つみたてNISAは、あらかじめ非課税で投資できる金額が決まっていますが(NISAは年間120万円、つみたてNISAは年間40万円)、「運用中にどんなに収益が増えても非課税」という点は共通しています。また、**NISAやつみたてNISAでは、運用商品を売却して新たに買い直すと非課税枠を消費してしまいます**。iDeCoには非課税枠という概念はないため、年間何回スイッチングしても、運用益の非課税メリットを受けられます。

それぞれの特徴をいえば、運用期間の長さは、NISA<つみたてNISA<iDeCoの順、商品数では、iDeCo<つみたてNISA<NISAの順、換金性・流動性という面では、iDeCo<NISA・つみたてNISAの順というイメージです。それぞれの特徴を理解しつつ、うまくメリットを組み合わせていくとよいでしょう。

iDeCoとNISA・つみたてNISAの5つの違い

☑ iDeCo

運用の目的……………退職後の資金づくり
運用期間………………長期間(投資は60歳まで、運用は70歳まで)
運用商品………………投資信託(株式、債券、REIT)保険、預貯金など
年間非課税投資額……無制限
換金性・流動性…………低い(原則60歳まで出金不可)

5
章

☑ NISA[1]・つみたてNISA

運用の目的……………車や住宅の購入資金、教育資金、老後資金づくり
運用期間………………NISAは5年、つみたてNISAは20年
運用商品………………投資信託、ETF(上場投資信託)、REIT(つみたて
　　　　　　　　　　　NISAは金融庁の基準をクリアした投資信託、ETF)
年間非課税投資額……NISAは120万円、つみたてNISAは40万円
換金性・流動性…………高い(任意のタイミングで出金可能)

※1:2024年に制度リニューアル予定

NISAで課税対象となるケース

2020年8月	120万円	A株を購入(非課税枠上限)
2020年10月	150万円	A株を売却(2020年非課税枠の分を売却)
2020年11月	120万円	B株を購入(2020年非課税枠をオーバー※2)
2021年3月	150万円	B株を売却　**この売却益は課税対象**

※2:特定口座などの課税口座でのみ購入可

145

実践 | 08

NISA、つみたてNISAと併用できる?

A. 上手に使えばお得に併用できる

　iDeCoは少額投資非課税制度（NISA・つみたてNISA）と、とても相性のよい制度です。iDeCo優先で運用するなら、効果的だといえます。

　というのも、iDeCoの3つの税制優遇の1つに「掛金は全額所得控除」があります。iDeCoは積み立てた分だけ所得控除額が増え、課税額のベースとなる課税所得を減らせるしくみです。この所得控除に対する所得税の還付金（住民税は翌年度に減税になる）は、会社員なら年末調整、自営業などは確定申告で返ってきます。運用効率を高めるなら、節税分のお金をそのまま再投資して運用したいところですが、**残念ながらiDeCo内では再投資できません。そこで、NISAなどが活用できるのです。**

　60歳までカギのかかったiDeCoに比べ、NISAなどにはカギがかかっていません。つまりいつでも換金できるので、iDeCoの60歳縛りという弱点を補完し、いざというときに換金しやすい状態で運用を継続できるため、臨機応変に対応しやすくなります。両方やってみて、調整していくのもよいでしょう。

シミュレーションサイトを活用する

☑ メリットを確認！税軽減シミュレーション（三井住友銀行ホームページ）

特徴
iDeCoのみ、つみたてNISAのみ、両者の併用、という3パターンの運用をシミュレーションできるサイト。年齢、職業、年収、毎月の積み立て金などの入力すると、1年ごとの運用益など、詳細な結果が得られる

URL
https://www.smbc.co.jp/kojin/special/ideco-simulation/tax/

☑ 55歳の会社員がiDeCoとつみたてNISAを併用した場合

55歳からiDeCoに加入した場合、63歳から受給が可能になる（25ページ参照）。iDeCoとつみたてNISAの運用を55歳から60歳までの5年間運用した場合をシミュレーションする。

年収	550万円
iDeCoの掛金（8年拠出）	毎月2万円
つみたてNISAの積み立て金（8年拠出）	毎月1万円
想定される運用利回り	3.0%

60歳の時点で……	iDeCoでの運用益9万4804円 つみたてNISAでの運用益4万7402円 節税効果は**26万8888円** 運用益+節税効果は**41万1094円**

※三井住友銀行ホームページ「メリットを確認！税軽減シミュレーション」を基に作成

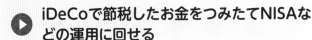

> ▶ iDeCoで節税したお金をつみたてNISAなどの運用に回せる

実践 | 09

下落傾向にあるときの運用方法は？

A. 変動の激しい株式の配分を調整する

　iDeCoでの積み立ては、ドルコスト平均法（74ページ参照）を用いているので、マーケット環境が下落傾向であっても特に気にすることなく、積み立てを継続できます。

　新型コロナウイルスの影響（コロナショック）によって株式市場は大暴落したものの、一時的な暴落に収まるのであれば、ドルコスト平均法による積み立てはある程度効果を発揮します。しかし、今後も同様の緊急事態により、突然予想外の暴落も起こり得ます。株式を中心とした運用の場合だと、現金化しようと予定していた時期の直前に、個人別管理資産（年金資産）が大きくマイナスになってしまう可能性があります。**対策としては、iDeCo以外の資金も含めて、運用商品を安定的なものにするか、定期預金を組入れるなど、株式市場の値下がりを軽減させるような資産配分にする必要があります。**

　コロナショック以前には消費税増税もあり、すでに景気がピークアウトしていた傾向がありました。社会人として、ある程度は世の中の出来事に注意を払う必要があります。

ドルコスト平均法のメリット

☑ iDeCoを一括購入した場合

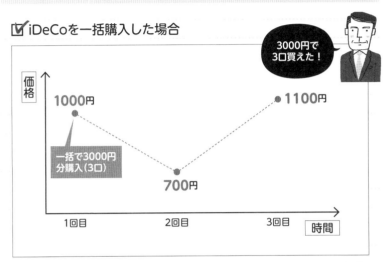

3000円で
3口買えた!

☑ 毎月購入した場合（ドルコスト平均法）

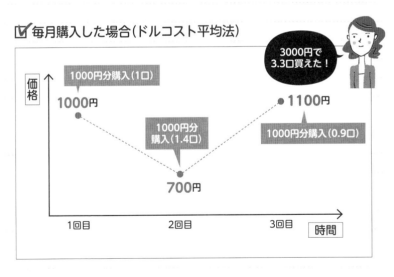

3000円で
3.3口買えた!

実践 | 10

個人事業主に iDeCoはおすすめ？

A. 公的年金が手薄いからこそおすすめ

　老後の生活保障という点で、個人事業主と会社員のもっとも大きな違いは「厚生年金の有無」です。国民年金に厚生年金が上乗せされている会社員と、国民年金のみに加入している自営業者など（国民年金第1号被保険者）では、将来受け取る年金の額に大きな差が生じます。

　そこで、個人事業主が老後の資産を形成する有効な手段として、iDeCoの活用が挙げられます。節税をしながら老後のためのお金をマイペースにつくれるのです。自営業者は厚生年金に加入できない分、**会社員や専業主婦（主夫）と比べて毎月の上限掛金が多く設定されており、月6万8000円まで拠出できます。**

　仮に50歳、年収500万円の人が、月6万8000円を10年間積立てたとします。運用でまったく増やせなかったとしても、積み立てた金額の合計は816万円です。10年間の節税額は、実に143万3500円（所得税軽減額61万7500円、住民税軽減額81万6000円）と、かなり大きな金額が軽減されます。また、年金法改正によるメリットも大きいです（24ページ参照）。

iDeCoで公的年金の手薄さをカバーする

☑ 自営業者の年金制度は1階建て

2階	iDeCoなどの私的年金で手薄さをカバーする	厚生年金
1階	国民年金	国民年金
	自営業・フリーランス	会社員・公務員

☑ 50歳の自営業者がiDecoに加入した場合

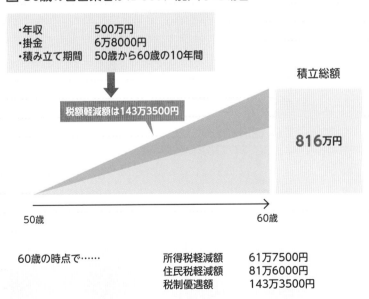

- 年収　　　　　　500万円
- 掛金　　　　　　6万8000円
- 積み立て期間　　50歳から60歳の10年間

税額軽減額は143万3500円

積立総額

816万円

50歳　　　　　　　　　　　　　　　　60歳

60歳の時点で……	所得税軽減額	61万7500円
	住民税軽減額	81万6000円
	税制優遇額	143万3500円

※iDeCo公式サイト「かんたん税制優遇シミュレーション」を基に作成

実践｜11

公務員に iDeCoはおすすめ？

A. 新制度の補てんと考えるとおすすめ

　公務員は元々、「共済年金」と呼ばれる独自の被用者年金がありました。この年金制度は、厚生年金よりも保険料率が安く設定されています。さらに、保険料負担をせずに年金を受け取れる「職域加算」がありました。「職域加算」は国民年金、共済年金の上に建つ「3階建て」にあたる年金であり、負担もなく年金が充実するという優遇されたしくみになっていました。

　しかし、官民格差の解消をはかるため、2015年に共済年金は厚生年金保険に一元化されました。その際に職域加算は廃止され、「年金払い退職給付」制度が新しくつくられます。これは、加入者が保険料を負担しながら積み立てていく給付金です。**職域加算よりも支給額が下がるため、それをフォローする意味でも、iDeCoへの加入は1つの有効手段**です。

　ただし、掛金の上限が1万2000円と少なく設定されているため、節税効果を狙いながら運用効果を高めるならリスクをとったほうがよいかもしれません。そのためか、共済組合員のiDeCoの拠出額は、限度額に近い1万円以上のケースが多いです。

新制度の導入とiDeCo加入のメリット

「職域加算」とは……?

公務員や私立学校教職員が加入する共済年金特有の年金の上乗せ部分。
保険料の負担をすることなく、年金額が上乗せされる。
厚生年金などには存在しないことから、公務員優遇の象徴とされている

公務員と会社員との
格差解消のため

2015年　廃止

共済年金が厚生年金に一元化されて公務員の支払う保険料率が上がる

➕

「年金払い退職給付」の導入
職域加算とは異なり、加入者が保険料を負担して退職給付を積み立てると
いう制度。職域加算より支給額が少ない

退職金の減少をiDeCoで補てんする
こうした背景によって退職金は年々減少している。こうした事態に備え、
iDeCoで運用の収益と節税のメリットを活用する

デメリットは掛金上限額の少なさで
す。収益を増やしたい場合、リスクをと
る必要があります

153

専業主婦(主夫)に iDeCoはおすすめ?

A. 所得控除が受けられるためおすすめ

　専業主婦(主夫)であっても、パート収入があればiDeCo加入によるメリットはあります。

　パートとして働く際はパートナーの扶養から外れないように収入を調整する人もいます。しかし、**iDeCoに加入して拠出すれば、その分所得控除が増え、より多く働くことが可能です。**

　また、今後は厚生年金への加入による所得控除(社会保険料控除)も受けやすくなります。昨今は年金制度の機能強化のため、厚生年金の加入対象者を増やす動き(適用拡大)が進んでいます。現在、501人以上従業員がいる企業では短時間労働者が厚生年金に加入することになっていますが、2020年5月29日に成立した年金改革法によると、2022年10月には「101人以上」、24年10月に「51人以上」の企業にまで広がります。厚生年金に加入すれば、iDeCoと同様に所得控除が増え、より収入を増やせるのです。家計費とは別に、自分だけの資産を別途用意することにもつながります。

専業主婦（主夫）がiDeCoに入るメリット

☑ パート収入がある場合

所得控除額が増える

パートナーの扶養から外れ
ないように収入を調整する
必要がある

**iDeCoに
加入すると**

拠出した額だけ所得控除を
受けらるため、収入が増え
る

☑ パート収入がない場合

受給時に課税の心配がない

会社員は、退職金や年金の金額
によって給付金が課税される
可能性があるため、受給時期を
ずらすといった工夫が必要

**専業主婦
（主夫）なら**

退職金がなく、公的年金の
額も少ないため面倒な計算
や受給時期をずらすなどの
工夫が不要

専業主婦（主夫）がiDeCoに入るデメリット

手数料が必要

受給までの期間ずっと信託報酬や口座管
理の手数料を払う必要がある

その他

ほかのデメリットとしては、一般的な
iDeCoのデメリットと同様。60歳まで給
付を受けられないことや、元本割れの可能
性がある、といった点である

iDeCoで知っておきたい 用語

●移換

転職・退職などの際に、確定拠出年金の制度内（企業型確定拠出年金、iDeCo［個人型確定拠出年金］、特定運営管理機関）において個人別管理資産を移すこと。証券取引でよく用いられる「移管」とは異なる。

●運営管理機関（運管）

厚生労働大臣、及び金融庁長官又は財務（支）局長の登録を受けた、確定拠出年金の運営管理業務を実施する機関のことで、運用関連運営管理機関と記録関連運営管理機関がある。

●運用指図者

掛金の拠出を行わず、資産の運用の指図のみを行う人。加入者資格がない人のほか、希望により、加入者資格を喪失し、運用指図者となることも可能。

●記録関連運営管理機関（レコードキーパー（RK））

記録関連業務を行う運営管理機関。加入者の個人情報の記録管理、加入者からの運用指図のとりまとめおよび事務委託先金融機関などの通知、

給付を受ける権利の裁定等の業務を行う。

●国民年金基金

国民年金法の規定に基づく私的年金であり、自営業者やフリーランスなどの国民年金の第1号被保険者が、国民年金（老齢基礎年金）の上乗せとして老後の所得保障を確保するための年金制度。

●国民年金基金連合会（国基連、連合会）

国民年金基金の加入員資格を転居や転職により60歳到達前に喪失した人で加入員期間が15年未満の人などへの年金および遺族一時金の支給を共同して行うために、平成3年5月30日に厚生大臣の認可を受けて設立された機関。iDeCo（個人型確定拠出年金）の実施者として厚生労働大臣に指定されており、個人型年金規約の作成、加入者資格の確認などの業務を行っている。

●個人別管理資産

確定拠出年金で、個人別に管理される年金積み立て金。加入者及び運用指図者が積み立て、運用する資産。

指定運用方法

加入者がiDeCoに加入した際に、運用商品の選択（運用の指図）を行わず、その後、一定の期間（特定期間及び猶予期間）においても運用商品の選択をしなかった場合に自動的に購入される運用商品。指定運用方法は、運営管理機関の判断で加入者に選定・提示することのできる運用商品のため、運営管理機関によっては選定・提示していない場合もある。

自動移換

60歳到達前の企業型確定拠出年金の加入者が、転職・退職などが発生した翌日の6カ月後の月末までに、確定拠出年金の制度内において個人別管理資産を移さなかった場合、個人別管理資産が国民年金基金連合会へ自動的に移換されてしまうこと。運用はストップするが所定の管理手数料の継続的な支払が必要。また、自動移換されている期間は通算加入者等期間に算入されない。

通算加入者等期間

確定拠出年金の老齢給付金の支給要件となる期間で、加入者期間と運用指図者期間を合算した期間。年金資産を移換されたことがある人の通算加入者等期間は、企業型確定拠出年金、及びiDeCo（個人型確定拠出年金）の加入者期間と運用指図者期間のすべてを合算した期間。

特定期間

特定期間とは、指定運用方法として選定・提示されている運用商品を購入するまでの期間の一部のことで、加入後の最初の掛金の納付日から3カ月以上で運営管理機関が定めた期間のこと。特定期間中は、納付された掛金で運用商品が購入されることはなく、未指図個人別管理資産として管理されている状態になる。

特別法人税

確定拠出年金制度で積み立てられた年金資産には、法人税法上、積て立み金の全額に一律1.173％の特別法人税が課税される。なお、特別法人税は2023年までは課税凍結中。

年金資産

確定拠出年金制度においては、加入者および運用指図者の個人別に管理される年金積み立て金のことをいい、個人別管理資産と同義。なお、企業年金においては、給付の財源として、企業の外部に積み立てられている。

猶予期間

猶予期間とは、指定運用方法として選定・提示されている運用商品を購入するまでの期間の一部のことで、特定期間を経過した日から2週間以上で運営管理機関が定める期間のことをいう。

索引

■著者プロフィール

野原 亮 （のはら・りょう）
確定拠出年金創造機構　代表

現東証一部上場の証券会社に入社後、個人営業・株式
ディーラーとして10年間従事。その後、営業マーケティ
ング会社に転職。生涯担当顧客は1000名超。2016年に
確定拠出年金専門のファイナンシャルプランナーとして
開業、2017年に確定拠出年金創造機構の代表就任。中
小企業への企業型確定拠出年金制度の導入を中心に、個
人型確定拠出年金iDeCo（イデコ）の普及にも努めてい
る。他著書に『ポイントですぐにできる！貯金がなくても
資産を増やせる「0円投資」』（日本実業出版社）がある。

■問い合わせについて

本書の内容に関するご質問は、下記の宛先までFAXまたは書面にてお送りください。なお電話によるご質問、および本書に記載されている内容以外の事柄に関するご質問にはお答えできかねます。あらかじめご了承ください。

〒162-0846
東京都新宿区市谷左内町21-13
株式会社技術評論社　書籍編集部
「1時間でわかる　iDeCo　～ 50代から始める安心投資」質問係
FAX：03-3513-6167
URL：https://book.gihyo.jp/116

※ご質問の際に記載いただいた個人情報は、ご質問の返答以外の目的には使用いたしません。また、ご質問の返答後は速やかに破棄させていただきます。

スピードマスター
1時間でわかる　iDeCo　～50代から始める安心投資

2020年9月26日　初版　第1刷発行
2021年7月17日　初版　第2刷発行

著者	野原 亮
発行者	片岡 巌
発行所	株式会社　技術評論社
	東京都新宿区市谷左内町21-13
電話	03-3513-6150　販売促進部
	03-3513-6160　書籍編集部
編集	伊藤 鮎
装丁デザイン	坂本真一郎（クオルデザイン）
製本／印刷	株式会社 加藤文明社
編集協力	花塚水結（株式会社ループスプロダクション）
本文デザイン／DTP	竹崎真弓（株式会社ループスプロダクション）
本文イラスト	小倉靖弘

ISBN978-4-297-11534-0　C2036

Printed in Japan